あい歯科医院

神奈川県藤沢市弥勒寺3丁目12-16　ミロクジーナC棟 1号1F

藤沢の方々に、笑顔で毎日をお過ごしいただくためのお手伝いをいたします。お口のことでお悩みなどございましたら、お気軽にご相談くださいませ。スタッフ一同、心よりお待ちしております。

患者様の立場になって考え、笑顔でお子様にも安心して通っていただけるような医院を目指します。健康的な美しさと魅力的な笑顔、毎日を楽しい気分で過ごす、そのお手伝いが出来たら幸せです。

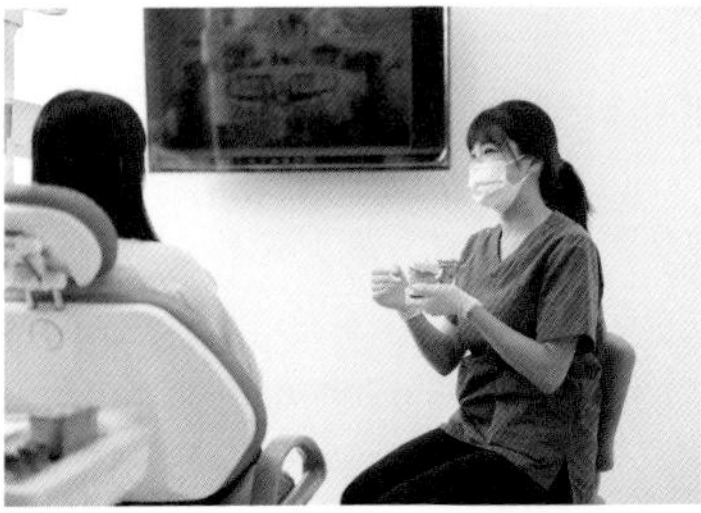

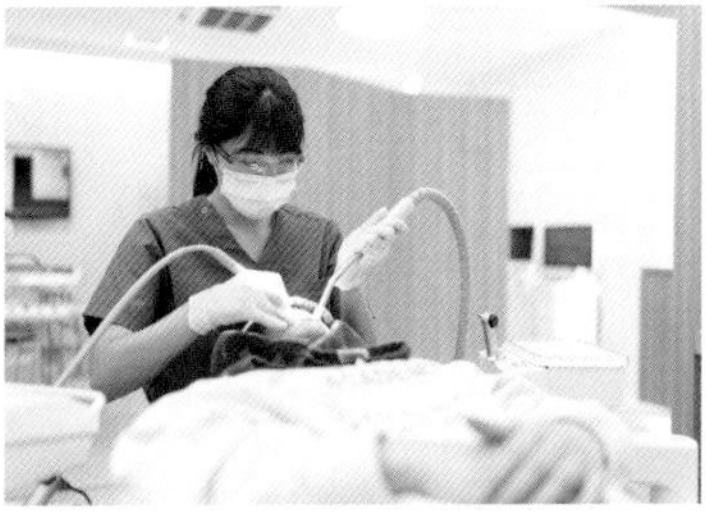

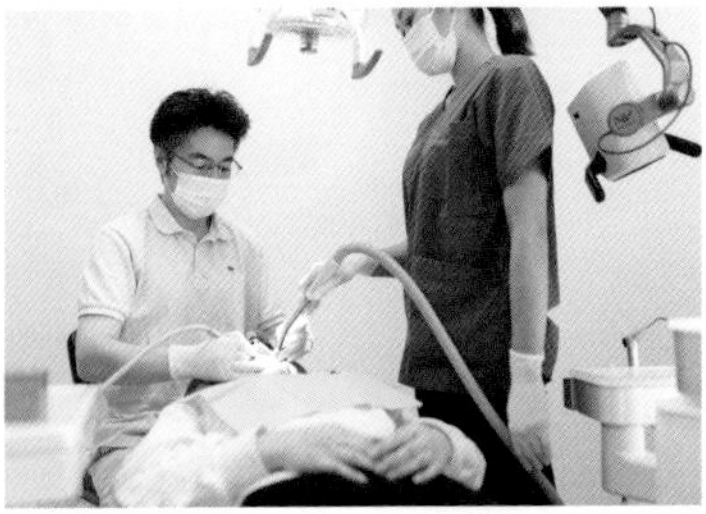

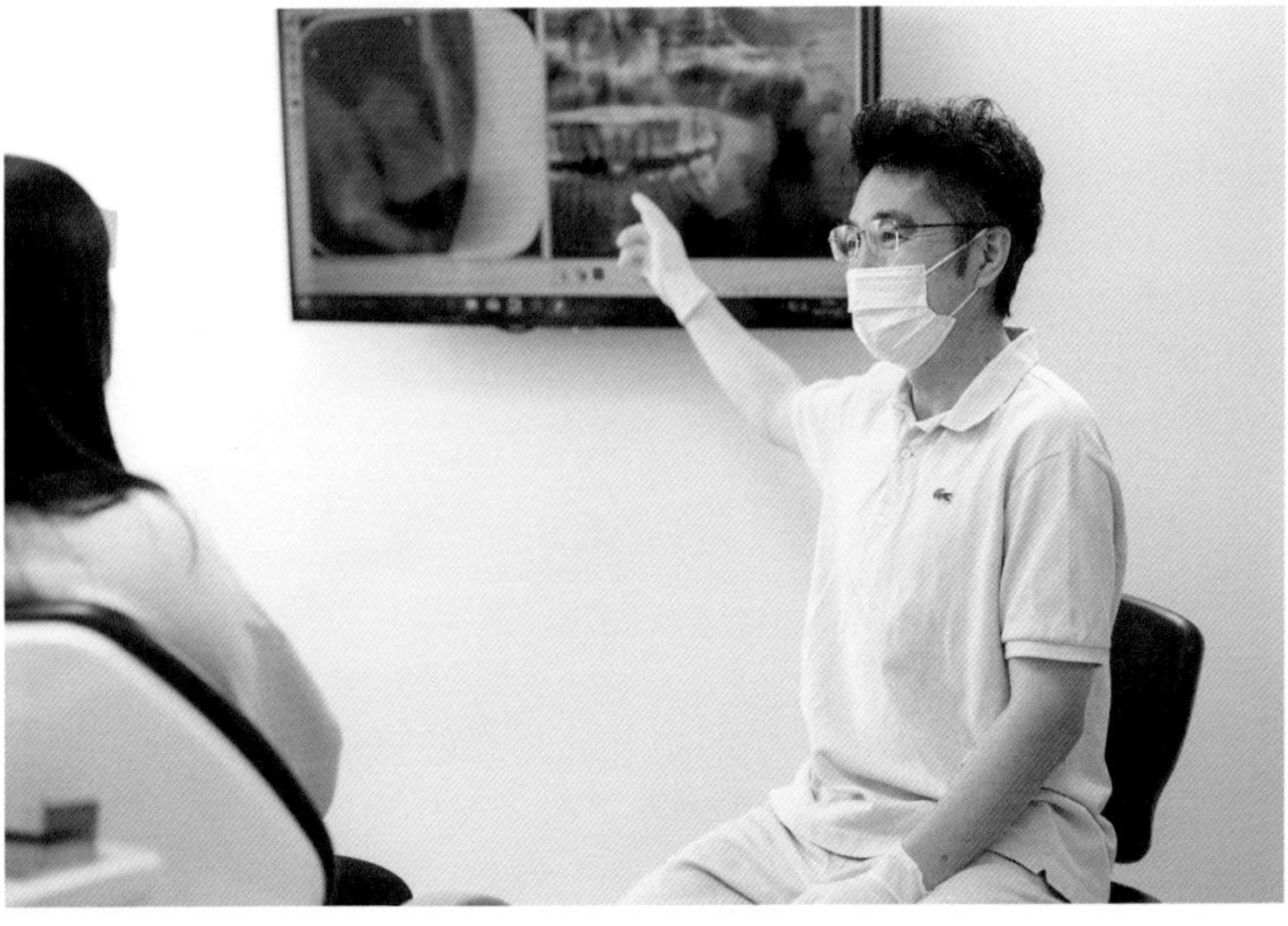

患者さまの身体的・心理的な負担を減らすには、そもそも歯の治療をしないこと、治療の必要のないお口を作ることが大切だと考えています。一人ひとりに合わせた予防法やメインテナンスをご提案し、その場限りではない、将来の健康を見据えた歯科医療をご提供いたします。

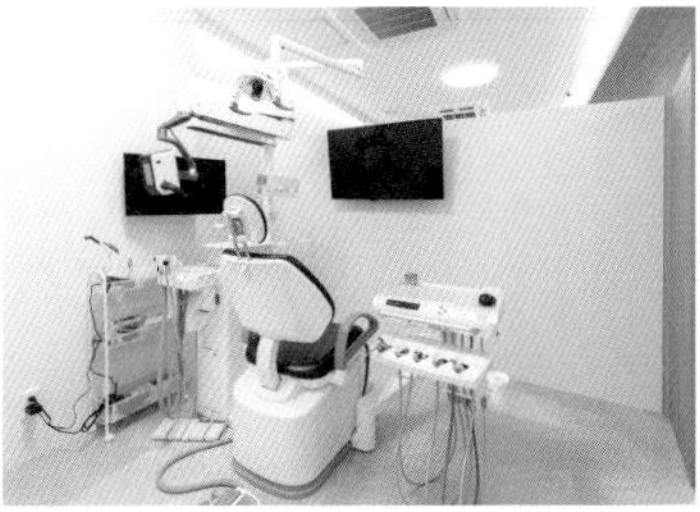

治療を必要としない環境を目指すために、お子さまの将来を守る小児歯科や、検査やクリーニング、ブラッシング指導などを中心とする予防歯科にも力を入れています。さらに、美しさと健康を両立する矯正治療や、審美歯科の治療も得意としています。

あい歯科医院は、神奈川県藤沢市に位置している、地域密着の医療機関です。虫歯や歯周病など、発生した問題に対する治療はもちろんのこと、その場限りの痛みや不具合の対処だけではなく、お口全体の健康を踏まえたトータル的な診療を提供しています。

この2枚は、何が印象を大きく変えているかわかりますか?
そうです。笑っているときに見える綺麗な前歯です。
歯を見せるだけで大きく印象が変わるのです。

ギフト

～ピンチは最高の贈り物～

あい歯科医院　院長　**松本幸輔**

SUN RISE

はじめに

「ピンチは最高の贈り物」

これ、実は私のメンターであるガチンコマイル塾の塾長の言葉なんです。

チャンスというのはピンチ（困難）の顔をしてやってきます。

恐れず逃げずに困難を乗り越えることで、あなたは成長や成功を手にすることができるのです。

ですからピンチが来たら喜んでください。

だって乗り越えれば成功が待っているんですよ。

少しの時間、あなたの人生を振り返ってみてください。

きっとあのときのピンチを乗り越えられたから、今の自分がいるというような体験があると思います。

このご縁に感謝。


改めまして。

数多くある書籍の中から、この本を手に取っていただきありがとうございます。

何気なく手に取っていただいたのかもしれませんが、これこそ天の導き、宇宙の大いなる意志があなたにこの本を手に取らせたのです。

「正しき道を歩む者には、必要な時期に師や助言者が現れる」と言います。

あなたにもこの『ギフト』を受け取る時期が来たのではないでしょうか。

では、この本を持ってレジへお進みください（笑）。


初めまして。

私は神奈川県藤沢市にある、あい歯科医院の院長で松本幸輔と申します。

現在52歳、妻と3人の子どもと1匹の柴犬と楽しく（？）暮らしています。

私の人生のピンチは、まず生まれた瞬間からでした。

へその緒が首に巻き付いていて仮死状態で生まれました。

ですので、いきなり逆さ吊りにされて、お尻をパチンパチンと叩かれ、ようやく生き返ったらしいです。


おかげでこうして本を書いていられるわけですが、生まれてすぐに叩かれたせいか少しだけ性格が曲がってしまいました。

今思うと、生まれた直後に命に関わるピンチを乗り越えたわけですから、この後どんな困難が来ても私は楽勝でクリアできるはずですよね。


さて、自覚のある最初のピンチは、小2のときの転校でした。

私の父はサラリーマンで転勤族でしたので、小学校も3つ（水戸・国立、名古屋・公立、横須賀・私立）通い、凄い貧乏な家庭からスーパーリッチな家庭まで幅広く見ることができ、良い経験になりました。

話を戻しましょう。

転校生はおとなしくしていると何かといじめの対象になりやすく戸惑っていたのですが、避けてばかりいても仕方がありませんから、いじめっ子軍団と対決しました。

すると、対決後には仲良くなってジュースを買ってくれたり、荷物を持ってくれるようになったのです。

これが逃げずに困難を乗り越えた初めての経験でした。


その後もさまざまな困難を乗り越えてきましたが、社会人になってから一時的に楽な方へ楽な方へと流される時期がありました。

この時期はギャンブル漬けの日々を送り、街金（消費者金融）から数百万の借金をして夜のクラブ活動に精を出しているという堕落人生、地獄行き列車の特等席に座っていました。

しかし、メンターを得て友人の助言や良い書籍と巡り合い、「考え方」と「行動」

を変えることを学び、こうしてまっとうな道に戻ることができました。

本書は、マインド・働き方・お金・人間関係・時間の5つをテーマに、机上の空論ではなく、私が実際に実践して良かったこと、うまくいったこと、失敗したこと等を書き記した本になっています。

中には「それ知ってる！」というものや、「この考え方は知らなかった」というものも含まれていると思います。

大切なのは、知ったら実践することです。

所々にキーワードを入れておきましたので、あなた自身で検索してみてください。

そして私の体験や事例を一つの参考にしていただければと思います。

それとともに、あなたがこの先、充実した人生を歩むために、1ミリでも良い影響（反面教師も含めて）を与えられたらこんなに嬉しいことはありません。

では早速、お話を始めていきたいと思います。

第2章

今日より明日が楽しくなる「働き方」

第３章

今日より明日が楽しくなる「お金の使い方、付き合い方」

第4章

今日より明日が楽しくなる「人との付き合い方」

第5章

今日より明日が楽しくなる「未来への投資」「ライフプラン」「キャリア形成」

第1章

今日より明日が楽しくなる「マインドセット」

ピンチは神様から与えられた「ギフト」

日々一生懸命に生活していても、人生にはさまざまなピンチが起こるものです。

金銭的なこと、人間関係のこと、あるいは新型コロナのような社会変化が自身のビジネスや生活に影響を及ぼすこともあるかもしれません。

しかし、「ピンチは神様から与えられたギフト」なのです。

私がそのことを強く感じたのが、歯科医院の移転が持ち上がったときでした。

じつは以前の医院は「15年の定期借家」という条件で借り受けた場所でした。

当時、土地のオーナーとは「定期借家だけど、契約次第で継続も可能です」という約束をしていたのです。

しかし、いざ15年を迎えてみたら、オーナーが亡くなってしまい、当時の約束を書面にも残していなかったうえに、建物自体も老朽化していたため、どちらにせよ「新しい物件に移転してください」という話になってしまったのです。

移転して開業することになれば、数千万円の初期投資がかかります。

予想外の展開に私は、「それなら開業医をやめて勤務医で勤めた方が楽かもしれない……」と心が折れそうになったのです。

そんなとき、私が師とあおいでいるガチンコマイル塾の塾長から、

「成功者が次にステップアップする時には必ずピンチが来る。これは神様からの贈り物で、それを乗り越えるとさらに発展できる」

という教えを受けたのです。

私あてではなく受講生みんなに向けた話だったのですが、その言葉が私の心に刺さりました。

そしてそのとき、すべてがつながった気がしたのです。

「ああ、今このお話を聞いたのも天からのサインで、自分自身や地域医療発展のためにも移転を進めなさいということなんだな」

と、自分の中で納得できたのです。


それから私は「移転に向けて前向きに進めよう」と気持ちを新たに入れ替え、スタッフにもその旨を伝えました。

その想いが、目には見えない形で天に通じたのかもしれません。

通常ではめったにない良い条件で契約できたり、融資も簡単に進んだりとまさに見えない力が働いているかのようにトントン拍子で話が進みました。

そればかりか、コロナの影響で安い金利で融資を受けることもできたのです。


また、ママ友達のご主人が腕のいい内装屋さんで、協力を申し出てくれました。

院内は開放的なクリーンな環境に生まれ変わりました。

これにはスタッフからも喜びの声が上がりました。

最初は後ろ向きだった移転でしたが、結果的にコロナ禍において、患者さんに安心安全な居心地の良い環境を提供することができました。

既存の患者さんからも「安心して通院できるようになった」「きれいな空間で気持ちがいい」という喜びの声をいただいています。


ピンチに陥った場合、誰しもが「逃げたい」「今手がけていることをやめたい」と思ってしまうものです。

しかし、ピンチの場面には必ず、「正しい方向」が示されています。

おそれずに向き合うことで、新たな道が開けていくのではないでしょうか。

まさに「ピンチはギフト」なのです。

流れにさからわず、成り行きに任せることでうまくいく

「ピンチはギフト」の節でも少し触れましたが、私は基本的に「自分がこうなりたい」、「こうなったら嬉しい」というゴールを決めた後は「成り行き」に任せるような生き方を選択してきました。

成り行きに任せる、というと少し聞こえが悪いかもしれませんが、「流れに乗る」ということは、とても大事なことです。

流れ、でいえば人間の魂もまた繰り返しのときを生きています。

「輪廻転生」で表されるように、人間は生まれてくる前に「今回生まれてきた時にはこの修行をしよう」と自分で決めて生まれてきているのです。

そのことに気づいていないのは、当の本人だけ。

この世でその修行が終わったら、神様の元に帰り、また新しい修行へと続く……私はそう考えています。

人間は一回死んで終わりではなく、長い長い時間の流れの中でさまざまな体験をするように運命づけられているのです。

そう考えてみると、その時は成果が出ずに「失敗した」としても、大きな流れの中ではひとつの経験にすぎないことがわかります。

もちろん、自分の生まれる前や死んだ後のことはわかりませんが、「大きな流れ」があるのだと信じることができれば、「とにかく何でもやってみよう」という気持ちが生まれるのではないでしょうか。

成り行きに流されてみるのもあながち悪いことではないのです。

「そんなこといわれても、そもそも〝流れ〟が体感できないんだけど……」とあなたは思うかもしれません。

しかし、そう難しいものではありません。

日常生活で「気づき」を得ることができれば、流れをつかむのは簡単です。

例えば、私は毎朝自転車で医院まで通勤しているのですが、毎日同じ時間に出たとしても、信号に引っかかりやすい日もあれば、スムーズに行ける日もあります。

信号にやたら引っかかる日であれば、「今日は慎重により考えながら仕事をした方がいいかな」と感じますし、逆にスムーズに行く日は「流れはいいけど、調子に乗らないようにしよう」と考えるようにしています。

自分の身の回りにアンテナを張り、「自分に起こること」をキャッチすることで、「流れ」を感じられるようになるのです。

これは「感性を磨く」ことにもつながっています。

じつは私たちが日々暮らしている中には、神様が采配した大きな力が働いていて、目に見えないメッセージがたくさん届けられています。

しかし、それを受け取るには自分の心を開いて、感性を磨くしかありません。

感性を磨く方法はいろいろとあります。

例えば、

「最近身近でよくトラブルが起きているのは、何を示しているんだろう」

「頻繁に目にする光景は、自分にいったい何を伝えたいんだろう」

というように出来事の意味を考えることです。

普段目にするもの、体験するものをなんとなく受け流してしまうのではなく、しっかりと認識すること。

そうすることで次第に感性が磨かれ「流れ」がつかめるようになり、自然と「流れに乗る」ことの意味が体感できるようになるはずです。

感謝の気持ちが、自分を満たす

「私、龍の背中に乗りました」
ええっ？
なに？
突然こんなことを言われたら、この人やばいって思われてしまうかも知れませんね。
斎藤一人さんの『龍の背に乗る生き方』という本があります。
私は読書が趣味でビジネス書や自己啓発書もかなり読んできましたが、どういうわけか一人さんの本だけは読む気になれなくて、購入してもずっと「積読」の状態だったのです。

飛行機での移動時間を読書の時間にしているのですが、その日はなんとなくこの本でも読んでみるかと手に取ったのが、前記の『龍の背に乗る生き方』でした。

この日のフライトは那覇～羽田（約2時間30分）と時間はたっぷりあります。しかもこの日はプレミアムシート（かなり贅沢な席です）。空港ではラウンジを使用でき、機内食もかなり美味しい。リラックスできる状態な上に読みやすい本でしたので、すぐに本の世界に没入していきました。

幼い頃から病弱だった一人さんが何度も龍神様に助けてもらった話。
また人生で何かピンチに遭遇しても龍神様から守ってもらえる話。
自分も龍神様を愛し龍神様に好かれている行動をしていたということが、具体的にユニークに書いてある本でした。

読み終わってもう一冊の本を読み始めた時のことです。

リアルに感じて頂きたいので、その時のメモをそのまま記載します。


〝11月10日12時30分、那覇から羽田の飛行機の中（プレミアクラス）、『龍の背に乗る生き方』の読了後、『竜が味方する生き方』を読み始めた時に斉藤氏の言うところの龍神さんの包み込むような愛を感じ、何か分からないけど強い感謝の気持ちが溢れてきて涙が止まらない。

素晴らしい経験をしている。

忘れないようにこのメモに記録を残す。

家族、友人、自分に関わる人、みんな愛しているよ！

上空1万２５００メートルで泣くおじさん。

プレミアムクラスの食事がとても美味しくてゆったり座れるしラウンジも使えるから最高だよね。

こういう想いや体験を奥さんにもさせてあげたいなと考えた直後に龍神さんに包まれた。〃

この時はまだマスク着用が義務付けられていたので、おじさんの泣き顔をダイレクトに晒さずにすみました。

30分近く涙が止まらなかったので、CAさんは不審に感じていたと思います。

一人さんの本の中では、「龍神さんの背中に乗るとうまくいくよ」という話が出てくるのですが、まさしくこの時、「ああ龍神さんの背中に乗った」と感じました。

それと同時に、この先相当やばいことをしない限りどんなことをしてもうまくいくという自信と安心感を受け取りました。

感謝という気持ちはそれまでも私の中の器に徐々に溜まっていて、それが一人さんの本をきっかけに溢れ出たのでしょう。

この不思議な体験を思い出すたびに幸せで涙ぐんでしまいます。

きっとあなたも1冊の本や人との出会いを通してこの学びのために経験をしてきたんだと気付く瞬間があると思います。

点と点だったものが1本の線に結びつく、そんな感覚です。

しかもその出会いは偶然の様で必然のもの。

大いなる意志の導きによって、人生のターニングポイントやトラブルを抱えているときに必要とする師匠や本と巡り合うことが出来るのです。

周りへの感謝の気持ちを持ちながら日々を大切に送ること、それがとても大事だと思います。

キーワード　計画的偶発性理論

謙虚さを忘れない

以前、岡山県の倉敷で開催された「デンタルショー」という歯科関係の展示会で、あるブースのお手伝いをしていたときのことです。

多くの歯科医師の先生たちが見に来られるブースで一人で留守番をしていると、横柄な態度で来られる先生が何人もいました。

当時私はまだ若く、私服だったため私のことを業者の人間だと思い込んでいたのでしょう。

中には初対面なのに「お前さぁ」なんて言ってくる先生もいました。

ところが、業者の担当者が戻ってきて私が歯科医師だとわかった途端、それまで横柄な態度だった先生たちが私への態度をコロッと変えたのです。

私は、「これってなんだかおかしいな」と思ったことを覚えています。

歯科医師に対してはいい顔をして、業者には横柄な態度をとる……。

私たちの仕事は業者さんがいなかったら成り立ちません。

さらに言えば、業者さん一人ひとりが日々しっかり働いてくれるからこそ、歯科医院を続けていけるのです。

そう考えれば、業者さんに対しては下に見るどころか、感謝しかありません。

ではなぜ、このような横柄な態度をとってしまうのでしょうか。

歯科医師は20代でも患者さんや業者さんから〝先生、先生〟と呼ばれてしまいます。

そういう職業ですから仕方がない側面もありますが、それによってついつい勘違いしてしまう人が多いのです。

ちょっと持ち上げられて横柄な態度をとってしまうと、自分自身が「はだかの王様」になってしまう可能性があります。

それは、自分の成長のためにももったいないことですよね。

「実るほど頭を垂れる稲穂かな」とよく言いますが、成功したり上手くいっているとき、いい流れが来ているときほど、意識して謙虚でいる必要があると思います。

謙虚でいることは、なかなか自制しようと思っても難しいもの。

そこで私は、つい調子に乗ってしまいそうなときは、小さな自分を心の中につくるようにしています。

ここでいう小さな自分とは、

「おいおい、そんな態度ってないんじゃないの？」

「べつに自分が偉いんじゃなくて周りがサポートしてくれたから、この難局を乗り越えられたんだよね」

など、自分の行動にツッコミを入れるような、批判的なアドバイザーです。

そうやって自分にツッコミを入れてもらえると、間違った考えや態度がスッと改められるのです。

謙虚でいるためには、自分の行動を常に客観的にチェックする目を持つこと。

これがもっとも大事だと思います。

いい比べ方・悪い比べ方

現代に生きている私たちは、子どもの頃からずっと競争の中を生きてきました。

クラスで何番目、学年で何番目、全国で何番目……誰よりもいい成績をとって、いい大学に入り、いい会社に就職をする……。

ティーンエイジャーの頃からそんな競争にさらされてきたため、いくつになってもその癖が抜けない節があります。

「あの人は今年海外旅行に何回行った」

「あそこの子どもはこんな学校に入った」

「同級生の誰それは年収がこんなに高い」

あなたもつい、そんな考え方をしてしまっているのではないでしょうか。

しかし、他人と自分を比べていては、いつまで経っても幸せにはなれません。なぜならどんな分野にも必ず上には上がいて、トップに立てるのはいつでも一人しかいないからです。

つまり、その一人になれない限りいつまでも不幸から脱却できないことになってしまいます。

では、幸せになるための比べ方とはどんなものなのか。

それは、他人ではなく「過去の自分」と比較することです。

おそらくあなたも子ども時代に、「去年より身長が伸びた」ことがとても嬉しかった記憶があると思います。

「自分と比べること」が一番重要なのです。

これは体格の話ですが、何歳になっても才能や力量の成長はあるはずです。

「前はここまでしかできなかったけど、今日はこれだけ多く作業ができた」

「今までは全く成功しなかったけど今日はじめて成功した」

「去年は海外旅行に行けなかったけど、今年は2回も行けた」

これは、仕事や趣味などなんでもいいのです。

昨日より今日、今日より明日、過去の自分と比較して成長したことが実感できれば、間違いなく嬉しいですし幸せな気持ちになれるはずです。


自分と比べることの意味は、「自分が将来どうなったら幸せなのか」ということをはっきり認識することにもつながります。

成長するためには目標が必要ですし、そのためには自分の将来像をしっかり持っていなければなりません。

自身がなりたい将来像という芯がしっかりあれば、他人がどうあってもうらやましいと思うことはありません。

もちろん競争社会に生きてきた現代人が、急に方向転換することは難しいかもしれません。

他人と比較してしまう場面を少しずつ消していきましょう。

一つ消えるごとに、自分を不幸に感じることが減っていくでしょう。

人生１００年時代と言われています。

そういう意味では50歳になっても人生は折り返し。

大昔の人生50年時代を考えれば、半分と言えばやっと成人を過ぎたくらいです。

まだまだ未熟者、変われるチャンスはいくらでもあるのです。

キーワード　人生１００年時代

足るを知る

「足るを知る」。

自分の置かれた環境が、じつはとても恵まれているものだと認識することですが、改めてそう感じることがありました。


あるとき、小児癌の病棟に入院している子どもたちの「将来叶えたい夢」が書かれたエピソードを読む機会がありました。

そこには「家族と一緒にラーメン屋さんに行きたい」「家に帰りたい」「大人になりたい」といった子どもたちからのメッセージが並んでいました。

このメッセージを読んで私はハッとしました。

子どもたちが叶えたかった夢の真ん中に私自身がいたからです。

おそらく、本書を読んでくださっているあなたも、すでに大人となり、自分の家から好きなときにラーメン屋に行ける方がほとんどでしょう。

そうです、私たちは子どもたちの「いつか叶えたい夢の中」を今日も生きているのです。


そう考えると、私たちは「幸せの中を生きている」ということになりませんか?

これからあなたに1分間で幸せになってもらいたいと思います。

ひすいこたろうさんという名言セラピストのワークを一緒にやってみましょう。


質問です。

もし失うことになったらとっても悲しくなってしまう人やことを1つ挙げて、それを失った状態を想像してみて下さい。

想像できましたか？

家族を亡くしたことを想像した人がいたかもしれないし、友人を亡くしたことを想像した人がいるかも知れません。

もしくは、今やっている仕事を失ったことを想像した人がいるかも知れません。


大切な人や物を失うことを想像すると、大きな悲しみと痛みを感じます。

同時に、今目の前にいてくれることのありがたさ、愛おしさを改めて感じられます。


大切な人ほど身近にいるんです。

大切なものを失う前に気付きたい。

「人間が不幸なのは自分が不幸であることを知らないからだ。ただそれだけの理由なのです」

ドフトエフスキーの言葉です。

そうなんです、幸せとは、「なる」ものではなく「気づく」ものなのです。

「私ばっかり損している気がする」

「悪いことばかり起こって私は不幸だ」

そんな風に考えている方が、もしかしたらいらっしゃるかもしれません。

しかし、本当にそうなのでしょうか。

食べるものがある、住む場所に困らない、痛みもなく健康で過ごすことができる、このような状態に置かれていることは幸せなことといえるのではないでしょうか。

このように「足るを知る」ことができれば、自分が不幸だと感じている状態から、一瞬で幸福な状態になれるのです。

とはいえ、「足るを知る」ことは現代社会において難しいことなのかもしれません。

ＳＮＳを見れば、自分よりいい暮らしをしている人や、給料の高い人も目にします。

あるいは、旅行系の動画などを観るとどうしても自分が恵まれているとは思えないでしょう。

そこでまず現状の不満を箇条書きで良いので書き出してみましょう。

おそらく、何々がない、何々が少ない、何々が足りないというように、「ない」のオンパレードだと思います。

これは最初からない方を見ているから、「ない」と見えているだけなんです。

不満を書けと言われたので当然なんですけど。

そこで見方を「ない」から「ある」に変えていきましょう。

ある方を見る習慣をつけると、今この場で満たされていくことだって可能なのです。

次に小さなことでもいいから、自分をほめてあげましょう。

例えば、

「朝、今日もちゃんと起きれた」

「時間通りに会社に出社できた。俺すごい！」

など、ささいな事でもよいので、みつけてみましょう。自分をほめることができれば、「自分自身が満足している状態で生きている」ことを客観的に認識できるようになります。

そうすれば、他人をうらやんだりすることも徐々に少なくなり、さらに「自分がご機嫌でいられる基準」がわかってきます。

私は、こうしたメモをつける中で、

「自分がどのようになれば幸せでいられるか」

を定義付けられるようになり、それ以上のものは求めなくなりました。

「足るを知る」ことは、じつは自分自身を幸せにする大切な考え方なのです。

キーワード　足るを知る

僕らは60点でいい

短期では仕事・勉強・買い物など一日の行動計画、中長期ではライフプラン、また経営計画に至るまで、私達は日々「計画」に沿って行動していると言っても過言ではありません。

しかし、計画通りに進めることは容易ではなく、軌道修正が求められることが多々あると思います。

大半の日本人は、「計画を立てたらその通りにやりましょう」と教育されてきた影響からか、「計画通りに進めなければいけない」と考えている人が多いように感じられます。

完璧を求め、多少の無理を重ねながら計画を進めていくと、徐々に負担が大きくなり、ついには破綻が生じてしまいます。

だからこそ、最初から60点でよしとすることが、様々な場面で必要なのではないでしょうか。

60点でよしとする方法で行った私の禁煙エピソードを紹介します。

以前は1日に1箱以上吸うヘビースモーカーでした。

ですので禁煙と決めても、その場限りでピタッとやめられる訳がありません。

私は特に自分に対して甘いので、

「1日に1箱吸っていた人間が1日5本にするってすごいよね」

「1週間で10本しか吸わなかった。素晴らしい！　えらい！」

「1ヶ月で5本だけで済んだの？　もう神の領域！」

と自分を褒めまくりながら、ゆるい気分で禁煙（節煙）を続けていたら、２ヶ月かからずに完全にタバコをやめることが出来ました。

あなたもぜひ、自分にも周りの方々にも６０点でいいよと思うようにしてみてください。

優しい気持ちになれますよ。

心の下づくりとは

私が中学生の頃はちょうど格闘技ブーム全盛期。

元々プロレスが好きだったので、戦うことを常に頭の中で考えていました。電車に乗っているときも「隣の人が突然襲ってきたらどうしよう？」と最悪の事態を想定していたわけです。

想定外のことが起こると、人はパニックになったり対応できなくなったりします。

何かあったときの心の準備をしておくのが大事だと思っていました。

そのため、想定外をなるべくなくすようにしたかったのです。

「心の下づくり」とは、普段からなにがあってもいいように備えておく「心構え」のことです。

では具体的に私がどんな「心の下づくり」をしているか、ちょっとご紹介しましょう。

例えば、電車に乗る時もホームの一番前に立たないようにしています。

そして電車が入ってくるときは半身になって必ず左右前後を確認し、自分をホームから線路へと押すような人がいないか、押すようなシチュエーションにならないかをチェックします。

またホテルに宿泊した際は、必ず非常口を確認し、避難ルートを頭の中でイメージしてから出かけたり食事に行ったりしています。

あるいは道を歩いているときも、

「車がここの道路から突っ込んできたときには、こっちに行った方がいいな」

と考えますし、レストランでも、

「不審者が来た時のことを考えて、この席にしよう」

などあらゆる状況を考えています。

ちょっとやりすぎだと思うかもしれませんね。

ただ、このように「何があってもおかしくない」と意識しておくだけで、実際に不測のトラブルに遭遇してもパニックにならず、体を動かせることが出来ます。

そんな心の下づくりの考えは、病院の運営でも活かされています。

「患者さんの体調が急変した場合はどのようにリカバリーするか」

「自分が今、事故や病気になったらどのような体制をとるか」

など、常にリスクヘッジを考えています。

また、トラブルがあると、冷静な判断ができにくくなります。

そのため、普段冷静な判断ができるときに、対応策を考えておくことが肝要です。

このような考え方は、以前読んだ本からも影響を受けています。

その本では、これから死ぬかもしれない武士の心の準備が書かれていました。

「武士は、いつでも死んでもおかしくないように常に身の回りを綺麗にしておく」

「明日死んだとしても後悔しないように生きていく」

そんな武士の姿勢から、私も常に心の下づくりをしておくことの重要性を知ったのです。

また、これは私の所感ですが、万一のことを考えて行動していると、危険がこちらを避けているような気もします。

ぜひあなたも「心の下づくり」をして、いざという時に素早く対応できるように準備をしておいてはいかがでしょうか。

感謝手帳をつくろう

「足るを知る」でも少しご紹介しましたが、気持ちを書き出すことは自分の幸せ探しにもつながります。

それを習慣化していくためにぜひ行ってほしいのが、「感謝手帳をつくる」ことです。

名前の通り、気づいた「感謝すること」を書き綴っていく手帳です。

毎日何でもかまいません。小さい感謝を見つけて書いていくのです。

「感謝手帳」なんて言っても、別に商品があるわけじゃありませんし、決まった書き方があるわけでもありません。

普通の、どこにでもあるノートをつかってください。

いつも持ち歩いて思いついたときに書くのもいいでしょうし、寝る前に開いて一日を思い返しながらまとめて書くのもいいと思います。

書くタイミングも人それぞれ、やりやすいやり方で良いと思います。


大事なのは続けること。

そして、なるべくたくさん書くことです。

あなたは日常の中で、どれだけの人に対して感謝していますか?

パートナー・親・兄弟、先生や上司・部下、あるいはレストランやカフェの店員やコンビニのレジ係……。

あなたの周囲には多くの人が存在します。

そんな一人ひとりに感謝の気持ちを持つのは、意識していなければなかなか難しいことです。

しかし、改めて「感謝を書きだしてみよう！」という気持ちで日々の生活を見直せば、自分の周りにいかに感謝すべきことが多いか気づくのではないでしょうか。


「汚れていた服をキレイに洗濯してくれた」

「あの店のランチ、スゴく美味しかった」

「子どもたち、今日も元気だったな」

「バスが時間通り来てくれた」

「道路横断するとき、車が停まってくれた」

様々なシーンが感謝する対象であることに気づくはずです。


感謝すべきことに気づき始めると、感謝を探すことも楽しくなってきます。

そうなればしめたもの。

気づけば毎日の生活が感謝に囲まれていくことでしょう。

たくさんの人たちがあなたの生活を支えてくれている。

今までは自分のことしか見えていなかったかもしれませんが、感謝を見つけようとする中でどんどん視野が広がっていきます。

そうすると自分を客観的に見られるようになり、そして自分が善意に囲まれて生活していることに気づき、読み返すたびに幸せな気持ちでいっぱいになるはずです。

周りに幸せを与えることも、考えていくべき

「第一の自分の義務は自分自身と自分の環境を向上させること。
これがうまく行った場合には二番目の義務が生じる。
それは他人を助ける事である」
以前読んだ本にあった一節です。（何の本かは忘れてしまいましたが。）

さて、また塾長の教えですが、人間には進化のステージがあり、それを分かりやすく表しているのがマズローの欲求5段階説です。

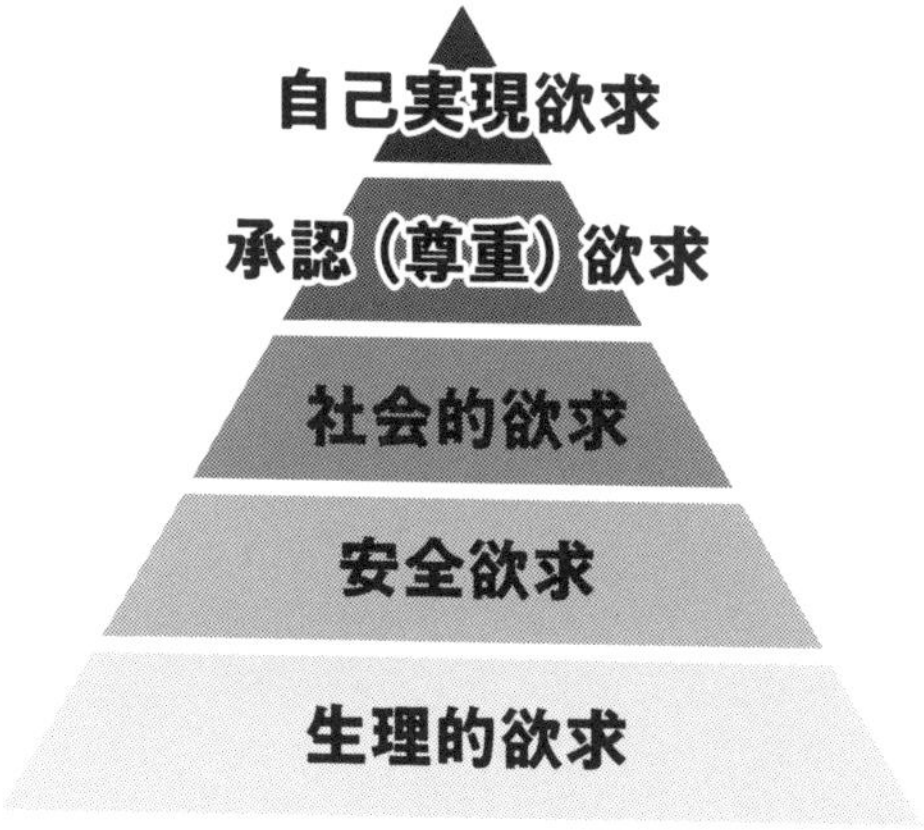

マズローの説は、人間は進化に伴って上の欲求へ移行すると言われています。自分が現在どのステージにいて、より進化するためには何が必要なのかを考える道標になると思います。

社会貢献というと、言葉の響き的に堅苦しいハードルの高いイメージがありますが、誰でも無料でお手軽にできる社会貢献は笑顔です。

笑顔については第4章で後述していますので、ここではボランティアや寄付について考えてみたいと思います。

海外の特に先進国の富裕層や芸能人、セレブと呼ばれる人々は、普通に生活の一部としてチャリティーパーティや寄付、ボランティア活動を行なっています。

なぜこのような行為を行うのでしょうか。

興味深い実験があります。

あるアフリカの国の貧困層の人々に、ランダムに5ドルもくしは20ドルを渡して、

「このお金を自分の為ではなく誰かの為に使ってくださいい、そしてその時にどう感じたかを教えて下さい」

という実験です。

その結果は、5ドルの人も20ドルの人も、誰かの為にお金を使うと金額に関係なく同じように幸福だと感じることが分かったのです。

つまり寄付には貧富の差も金額の大小も関係なく、寄付する行為自体が幸福感をもたらしてくれるものなのです。

無理する事なく自分も相手も満たされる、そんな社会貢献を目指していきましょう。

キーワード　マズローの欲求5段階

第2章

今日より明日が楽しくなる「働き方」

楽しい仕事があるんじゃなくて、その仕事を楽しめる自分がいるかどうか

あなたは、福島正伸氏の著書『どんな仕事も楽しくなる3つの物語』を読んだことがありますか?

この本の中には、

「つまらない仕事はありません。仕事をつまらなくする考え方があるだけです。意味のない仕事はありません。意味のない仕事にしてしまう考え方があるだけです」

と書かれています。

私もまったくその通りだなと思っています。

自分の思い通りの仕事がしたい。

楽しい仕事がしたい。

そう思っても、実はそれを決めるのはなにより「自分の心」なのです。

実際私もこれまでさまざまな歯科医院で働いてきましたが、「楽しい」という気持ちが自分の仕事の充実度を決めてくれたように思います。


この本の中に出てくる職業のひとつに「駐車場の管理人」があります。

駐車場の管理人さんは、世間的に見れば「定年退職した人がやるような仕事で、楽しそうではない」という印象がありますよね。

しかし、当書に出てくる駐車場の管理人さんはすごいのです。

お客様が車を停めに行くと、雨が降っていたら傘をさっと差しだす。

満車の駐車場では車が来るたびに駐車場の入り口で頭を下げてお詫びをする。

いかなるときも笑顔でお客様をお迎えする……。

管理人室の中に入ってしまえば、お客様から文句を言われることもありません。それなのにわざわざ外に出てお客様に「満車になっております、申し訳ありません」と頭を下げる。

これは「誰かから指示されたこと」ではありません。

この管理人さんは自ら進んでそのように行動しているのです。

ある日著者の福島氏は、親切にしてくれたことや日頃の感謝を込めて管理人さんにお礼を伝えに行ったそうです。

すると、こんな答えが返ってきたといいます。

「僕はこの仕事をすごく楽しんでやっているんですよ。どうせ仕事をするんだったら楽しくやりたいからやっていただけなんです」

福島氏は驚くと同時に、「楽しい」という気持ちのはかりしれない原動力を感じたといいます。

どんな仕事であっても、自分が「楽しい」と思えるかどうか。

そう思えたら、今までは気づかなかった仕事の面白さや、一緒に仕事をする仲間のありがたみを感じられるかもしれません。

「仕事がつまらない」

「自分の望む仕事じゃないから、やる気が出ない」

あなたもそう思っているかもしれません。

それならまずひとつ、「自分が楽しんでできそうなこと」を探してみましょう。

それは何でもよいのです。

「時間内に作業が完了できた」「お客様のメールを丁寧に書いたらお客様から感謝された」など、あなたの周りで「楽しい！」と思えるタネを見つけることから、ぜひ始めてみてほしいと思います。

開院して1カ月でスタッフが全員やめて気づいたこと

私自身、歯科医になってまもなく30年を迎えようとしていますが、振り返ってみると「楽しく働いてこれた」と感じています。

勤務医時代、院長先生から技術だけではなく、患者さんとのやり取りについて教わったこと。患者さんとの他愛ないやりとり。治療がうまくいって患者さんから喜ばれたこと。

もちろんその道中には、働くスタッフと折り合いがつかなかったり、患者さんの対応で苦労したりしたこともありましたが、「あれも自分にとって必要な体験だったんだ」という良い思い出です。

しかし、「本当に自分の考え方で進んでいってよいのだろうか？」と悩んだ時期がありました。それが開業当初の頃です。

「地域から愛される病院にしよう」と、私は藤沢の地で平成20年3月に医院を開業しました。

歯科医師が1人にスタッフ3人の体制でスタートしたのですが、なんと開院1ヶ月で、3人いたスタッフのうち最初に2人が辞め、その後残った1人も辞めてしまったのです。

スタッフ全員が辞めるという異常事態に私は、

「いったい、どうしてこうなってしまったんだろう……」

とずいぶん悩みました。

そうして振り返ってみるとさまざまな要因があったことに気づいたのです。

そのひとつが「仕事に完璧を求めていた」というものでした。

今にしてみれば、開業直後ということもあって自分にもゆとりがなかったのでしょう。

患者さんの治療と、経営を安定させることばかりに気がいってしまい、ささいなミスも許せずにいたのです。

「何でこれができていないの？」

「できて当たり前のことでしょ？」

と、私は常に上から目線だったように思います。

さらに「これくらいできて当たり前」「それをするのがあなたの仕事でしょう」という思い込みがあったのです。

これでは、私に嫌気がさすのも無理はありません。

ここでも塾長の教えをシェアしたいと思います。

日本の工場から出荷される製品に不良品は０％。

外国の工場から出荷される製品の不良品の割合は10～20％、もっとあるかも知れません。

さすが日本。優秀で信頼できます。

これは日本の素晴らしいところですが、違う側面から見ると日本は間違いを許さない文化。

完璧で当たり前の文化だからミスがあるとダメ、少しでも遅れるとダメ、完璧でないとダメ。

100点満点スタートで、上に伸び代がなく、全て減点方式。

では他国ではどうでしょう。

できていなくて当たり前。ミスがあって普通。

そもそも0点スタートだから伸び代しかない。

ちょっとでも出来たらgoodで、改善したらgoodの加点方式。

出来て当たり前。やって当たり前。ちょっとのミスでダメ、ダメ、ダメ。

出来ないのが当たり前。やってくれてありがとう。ちょっとしたことでもgood、good、good。

皆さん、どちらの環境で働きたいですか？　歯科医の仕事も自分一人で完遂することはできません。

スタッフの方々に助けてもらわないと成り立たない仕事です。

私はまず、「スタッフがそこにいてくれること」に感謝すべきだったのです。

しかし、当時の私のマインドは

「仕事で来ているんだから」

「お金をもらっていてプロなんだから、しかも医療関係でしょ？　ちゃんとやろうよ！」

と思っていました。

ずいぶん傲慢になっていたものです。

スタッフ全員辞めたことをきっかけに私は自らの行動や思考を反省し、ある1

つのことを徹底するようにしました。

それは、「減点法をやめて加点法にすること」です。

「全員、0点スタートで60点で合格！」

と考えるようにしたのです。

もちろん医療従事者ですから、衛生管理や処置など、間違いが許されないことはあります。

しかし、だからといってスタッフに細かく注意をして、気持ちをがんじがらめにしてもよい結果は生まない。

そのことが心から理解できたのです。

私がそのように思考の転換をしたことで、スタッフとの関係は大きく変わりました。

なにより私自身が働きやすくなったり、ありがたいことに優秀なスタッフが入社してくれるようにもなりました。

私にとっては苦い経験でしたが、自分を省みるきっかけとなりました。

本当に得難い経験だったと思っています。

もしみなさんが「仕事が楽しくないな」と感じていたなら、その理由のひとつに「完璧主義」が隠れているのかもしれません。

この完璧主義はときに自分自身も、また人間関係も壊しかねないパワーを持っています。

その部分に気づき１００％の力を出していた部分を80％にするだけでも、少し気持ちに余裕が出て、良いパフォーマンスにつながるのではないでしょうか。

スタッフ全員をハワイに連れていく約束

私の話が続きます。開業してスタッフが辞めた後、ありがたいことに新しいスタッフが入ってきてくれました。

オープニングのときでしたから院内のルールや、会計、受付の対応など、1からみんなでつくり上げていったのです。

その労をねぎらいたいと、開院から1年が経った頃でしょうか。

「2年後にスタッフ全員をハワイに連れていくね」

と伝えました。スタッフは、半信半疑だったのでしょう。

「先生、じゃあ楽しみにしていますね」

と軽く聞き流していたようです。

それから2年後のことです。

ある日私はスタッフみんなを集めてこう言いました。

「今年はハワイに行きます。みんな、パスポート持ってる？　持ってなかったら取っておいてね」

するとスタッフから驚きの声が上がりました。

「ええっ、先生本当に行くんですか？」

どうやらスタッフは、その時まで信じていなかったようです。

当時、経営的に決して余裕があったわけではありませんが、私には、どうしてもスタッフを連れていきたい、特別な思いがありました。

かつて私が勤務医だったとき、いくつもの病院で社員旅行を経験しました。

旅行に連れて行ってもらった先で観光地巡りや食事を大いに楽しんだものです。

しかし、中には自分で旅行の積み立てが必要だったり、半分は自己負担ということもありました。

「もし私が社員旅行を主催する立場になったら、費用は全額負担プラス自由行動」とずっと思っていたのです。

また、旅行先のスケジュールも決まっていて、院長や先輩との時間が多くとられ、自分の楽しめる時間が少ないということもありました。

だからこそ、スタッフが旅費を負担するぐらいなら、誰かにお土産を買ったり、自分達が楽しむアクティビティに使ってもらったりする方がいい。

また、無理に私の都合に合わせることはなく、スタッフの方から、

「先生一緒にご飯を食べに行きませんか？　ご馳走してください！」

と誘われたら一緒に行こう、くらいのスタンスでいたのです。

そして、その自分のささやかな夢を実現するチャンスが巡ってきました。

「みなさんが頑張ってくれたから、歯科医院をここまで続けることができました。

感謝の気持ちでみなさんをハワイに招待したいと思います。今回のハワイ旅行の旅費はすべて病院側が負担し、1回だけみんなでご飯を食べましょう。あとは自由行動！」としました。

これを発表するとまたスタッフから「ええ～！」と驚きの声が上がりました。

こうして訪れたハワイ旅行。青い空の下で海水浴を楽しんだり、ゆっくりとホテルライフを楽しんだり。

また、ショッピングをしたり、美味しいものを食べたりと思い思いに過ごして、私たちは帰国しました。

私は私で、なにより社員旅行でハワイに行くことが夢でしたから、また仕事を頑張ろうという気持ちになっていました。

帰国後2、3日経ってからのことです。

スタッフたちからこんな風に声をかけられました。

「先生、私たちにもうちょっと仕事を下さい。またハワイに行きたいのでもっと頑張りたいんです」

「私たちもレベルアップしていきたいんです」

旅行前と比べて明らかに仕事に対するモチベーションが変わっていました。より熱意を持って仕事に取り組む姿勢をみんなが見せてくれたのです。

私は驚き、

「ありがとう。そしたら任せる仕事を考えてみるね」

と答えるのが精いっぱいでした。

深く感動してしまい、うまく言葉にできなかったのです。

「先生は、私たちを大事にしてくれている。だからその思いにこたえたい」

ということもあったのでしょう。

仕事へのモチベーションアップと同時に、人間関係の絆も深まったように感じられました。

この体験によって、「有言実行」の大切さと、それによって人の心が前向きになることを学んだのです。

そして結果的にスタッフの方たちに「ここで働くのが楽しい」という気持ちを持ってもらうことができました。

こうした変化は、私にとって予期しないことでしたが、改めて「与えることの大切さ」も学んだのです。

あなたも「今度食事をしましょう」「今度一緒に○○に行きましょう」と仕事関係の人と約束をすることもあると思います。

しかし、忙しい毎日やコロナ禍などもあいまって果たせていない、あるいは忘れてしまっている約束があるのではないでしょうか。

その約束を果たせていないことが、知らないうちに人間関係を悪くさせているかもしれません。

楽しく働くためには、人間関係の構築は避けて通れません。

そこに注目し、約束を守ると、また新たな人間関係が構築できるかもしれません。

任せられることは人に任す

楽しく働くために「任せられることは人に任す」という方法があります。

例えば、矯正治療は矯正専門の先生にお任せする。

あるいは、審美的なセラミックの治療もセラミック専門の先生にお願いする。

自分でやらなくていいことは無理に行わない、任せられることは人に任せる、というのは言い換えると「なんでも自分で引き受けようとしない」ということになります。

少し話はそれますが、以前はホワイトニングを含めセラミック治療などもメニューの中に入れていました。

しかし、メニューがたくさんあると自分自身の負担が増えてしまい、すべてに対してパフォーマンスが低下してしまうのです。

だからなるべくシンプルな治療をするよう、医院の方針を定めたのです。

同様に治療以外の業務もスタッフに役割分担して、お願いできることは任せています。

例えば、事務長のポストを置いたことで、人事や労務、経理、日常の中で発生する事務的なやりとりもお願いできるようになりました。

「ここの自動ドアをタッチするものに変えたいね」と相談すると、施工会社や管理会社へ連絡をして、取り計らってくれるのです。


中でも一番感謝しているのは、スタッフの本音を聞いてくれることです。

それまでは定期的にスタッフと個人面談を行い、業務や人間関係に関する意見を聞いていました。

しかし、スタッフも面と向かって私に言いづらいことが多くあり、逆に私からも面と向かってスタッフに言いづらいことが沢山ありました。

なかなか本音で語ることができなかったのです。

その点、事務長がスタッフと面談をしてくれることによって、私自身もスタッフとのコミュニケーションがうまくとれるようになったのです。

さて、「任せることの大切さ」をお伝えしてきましたが、仕事を他の人に任せるときに気を付けてほしいポイントが2つあります。

1つは、「最初から大きな仕事を任せない」ことです。

自分が抱えている仕事をすべて手放すのではなく、段階を踏んで任せるようにしましょう。

例えば掃除や滅菌、器具の扱い方など、すべていっぺんに任せるのではなく、スタッフの理解度や習熟度を見たうえで徐々にスタッフに任せるようにしています。

その方がスタッフも、私も無理がありません。

そしてもう1つは「自分がわかっていないことを人に任せない」ことです。

前述した掃除や滅菌、器具の取り扱い方などは私自身も当然できることです。一通り経験しなければ指導もできませんし、万一任せて何かあった時、私自身がリカバリーしなければなりません。

そういう意味で「自分ができる、理解していることを任せる」ことが大前提だと思っています。

しかしながら、会社勤めをしている場合にはなかなかそうもいかないでしょう。自分はできないけれど、若い社員にパソコン作業を頼むというシーンもあると思います。

その際は、必ず自分自身で「スタッフがどんな仕事をしているか」細かくはわからなくても進捗を確認するようにしましょう。

「うまくいったときはスタッフのおかげ、失敗したときは私の責任」という気持ちで「仕事を任せる」ことが大切だと思います。

ありがとうの大切さ

お客様から、あるいは一緒に働く仲間から「ありがとう」という声をかけられると、やる気が出たり、嬉しい！　という気持ちが湧いたりしますよね。

そういう意味で、私は「ありがとう」はみんなを幸せにする魔法の言葉だと思っています。

というのも私の母が常々、

「〝ありがとう・ごめんなさい〟を言うのはタダなんだから、たくさん使った方がいいのよ」

といっていたからなのかもしれません。

自己啓発本を多く出された著者のひとり、斎藤一人氏も同じようなことを言っています。

私自身も歯科医師として働いていたときから、なるべく「ありがとう」と言うように心がけてきました。

しかし、それがより一層高まったのは、やはり開院してからかもしれません。「ありがとう」といい続けていたら、次第にスタッフも「ありがとうございます」と言ってくれるようになりました。

それが発展して、スタッフ同士でも「ありがとう」という言葉が頻繁に出てくるようになったのです。

患者さんから、

「ここはみんなが〝ありがとう〟って言いあっているから気持ちがいいわね」

と言われたことがありました。

また、子どもの患者さんからは、衛生士のチェックが終わり、私が子どもに、

「頑張ってくれてありがとうね」

と声をかけたところ、

「出た！　ありがとうマンだ」

と言われたこともあります。

ありがとうマン……なんていい響きなんでしょう！


みなさんも会社で「ありがとう」の声、かけていますか？

勤続年数が長かったり普段顔を合わせていたりすると、なかなか面と向かって「ありがとう」ということが気恥ずかしかったりしますよね。

しかし、一度「ありがとう」と笑顔で伝えると相手は、それだけで多くを語らずともやる気になったり、仕事を頑張ろうと思えたりするものです。

「ありがとう」という言葉には、お金もかかりません。

誰かを傷つけることもありません。

ぜひ積極的に使って、周りを幸せにしてみてくださいね。

キーワード　小林正観

私語大歓迎の職場

「働くのが楽しい！」と思うことのひとつに職場の仲間との語らいがありますよね。

仕事のことだけではなくプライベートのこと、家族のこと、また今ハマっている趣味のことなどなど。私は、

「空いている時間なら私語は全然問題ないですよ」
「患者さんともどんどん喋ってください」

とスタッフに伝えています。

医院内がでシーンとしていると、「おーい、だれが喋ってくださいー」と声をかけることもあります。

患者さんの健康を扱う医療現場であっても、あるいは忙しくて常に時間に追われている職場であっても、心のゆとりはとても大切だと思っています。

その心のゆとりをもたらすもののひとつが、「私語」によるコミュニケーションです。

歯科医院の場合、職場がギスギス、ピリピリしているとその雰囲気は患者さんにも伝わります。

元々患者さんにとって、歯医者は嫌々ながら行く場所であり、あまりよい印象はありません。そのうえそうした環境だったらどうでしょう。

「この歯医者は怖い」

「もう行きたくない」

と感じさせてしまいます。

もちろん、私語が多くて仕事がおろそかになってしまうのは避けた方がいいですが、自分のことや相手のことを知るためにも私語は大切なコミュニケーションのひとつです。

職場によっては勤務中、私語をしにくい場合もあると思います。

その場合は、休み時間に話をするようにする、お昼を一緒に食べるなど「私語」を意識してみてください。

仕事を始める前に気分を調整する

次の2つのパターンを想像してみてください。
ある朝の出勤前の出来事です。

A　奥さんもしくはご主人と口論をして、気分が悪いまま家を出た時。

B　笑顔で行ってらっしゃいと気分よく送り出された時。

あなたは出勤途中にあるいつものコンビニでコーヒーを買います。
出社まで時間的な余裕はありますが、前のおばちゃんが会計で小銭を数えてもたっています。

Aのあなた、Bのあなたは、それぞれどう感じるでしょう？

恐らくAのあなたは、「早くしろよ」とイライラするのではないでしょうか。

そしてBのあなたの場合は「ゆっくりでいいよ」と優しくフォローするような気持ちになるのではないでしょうか。


さらに想像してみてください。

この様子を運命の神様が見ていました。

神様は幸運をどちらか一人にしかあげられません。

Aのあなた、Bのあなた、どちらを選ぶでしょうか？


人は同じ場面に遭遇しても、その時の心の在り方で感情に大きな違いが生じます。

出来るだけ良い機嫌で仕事を始められた方が良いですよね。

私は自転車通勤をしていますが、急に飛び出してくる車や道の真ん中をふらふら歩く人に出会うと、むかっとすることがあります。

そんな時はムカついたり悪態をついたことについて、

「今のはナシ、ごめんごめん。機嫌が悪いことに気付かせてくれてありがとう」

と言葉にして気分を調整するようにしています。

エモーショナルクオリティ（感情の質）を高める

機嫌よくいることが仕事や人生をうまくいかせ、運を掴むために重要であると思います。

では、機嫌よくいるためにはどうしたら良いでしょうか？

普段の生活の中で良いことばかりがあるわけではありません。辛いこと、苦しいこと、悲しいことがあると、私たちの心はやせ細ってしまいます。

ですので栄養補給をしてあげましょう。

栄養補給ってどういうことですか？

エモーショナルクオリティ、ＥＱを高めることです。

心がワクワクするような楽しいこと、自分がやりたいことをしましょう。

自分が楽しいことやりたいことの予定を組んでください。

子供の頃のことを思い出してみてください。

遠足ってとても楽しみでしたよね。

何日も前からワクワクして、特に前日はなかなか眠れないくらい興奮していませんでしたか？


同様に、旅行も行くまでが一番楽しいのではないでしょうか？

先に楽しみが待っていると、その日まで毎日をワクワクした気分で過ごせます。

ですので、１ヶ月先２ヶ月先に楽しみなイベントの予定を組んでみてください。

そして休日を目一杯楽しんでください。

趣味でもグルメでもプチ旅行でも、なんでも良いです。

でも、時間もお金もないよという場合には、予定を想像するだけも良いのです。夏休みにハワイとか、年末は沖縄とか、来月はホテルでランチとか、楽しみなことを思い浮かべましょう。

すると不思議なことに、このうちのいくつかは実現できてしまうことがあります。

これ本当なんです。

信じるか信じないかはあなた次第ですが、想像するのはタダですからぜひ実行してみてください。

与えることが先

キーワード　引き寄せの法則

歯医者ってあんまり行きたくないところというイメージが強いですよね。

行きたくないのに、どうにか勇気を振り絞ってきてくれている患者さんに少しでも気分良く過ごしてもらいたいと考えていますが、私一人の力では到底、実現できません。

スタッフ一人一人の力が何より大切です。

そこでスタッフがよりパフォーマンスを上げられるよう、人数を多めに採用し、ゆとりある対応ができるようにしています。

人数が多いと有給休暇を取りやすくなり、家庭の突発的なトラブルに対応しやすくなります。

その結果、仕事のために自分を犠牲にすることが少なくなり、スタッフ自身の心にもゆとりが生まれます。

ゆとりが生まれると最終的には、患者さんにより良い対応ができるようになります。

そう考えていくと、仕事をする上で「心にゆとりを与えること」が何より重要なことではないのかなと感じています。

あなたも「心にゆとりがあるほうが本来の力を発揮しやすい」、そんな経験をしたことがありませんか。

人は何かに追われると萎縮してしまい、本来の力を出せなくなってしまう傾向があります。

無理に仕事を詰め込むのではなく、

「少し手抜きをしながらでもいいよ」

と伝えると、逆にパフォーマンスが上がるのは、程よく力が抜けるからなのでしょう。

ソフト面はスタッフの皆さんのマンパワーに頼るところが大きいのですが、ハード面はお金が解決してくれました。

少し宣伝っぽくなりますが許してください。

まず、内装をハイアットホテルのスイートルームをモチーフにして、きれいにしました。

院内の全てに手術室で使用する空気清浄システムを設置し、水道も元栓から水質清浄機を設置。

滅菌・消毒専門の部屋を作り、感染対策の機械類を多数導入しました。

これにより、水・空気・空間全て安全に整えることができました。

患者さんのために最高の空間を用意できましたが、これって実はスタッフにとっても良いことなんです。

一番感染の危険にさらされるのはスタッフですから、皆さんが安心安全に働ける環境を提供できたことを私はとても嬉しく思っています（ちょっと設備投資にお金をかけ過ぎてしまいましたが）。

もしかしたらあなたも、「先に与えるのは損では？」と疑問を感じているかもしれませんが、それは誤解です。

与え続ける幸福な人生か、奪い続ける不幸な人生、あなたはどちらを選びますか。

最後に、アインシュタインの言葉を送ります。

「人の価値は、その人が得たものではなく、その人が与えたもので決まる」。

第3章

今日より明日が楽しくなる「お金の使い方、付き合い方」

お金の本質を知ることが幸せへの第一歩

あなたはお金持ちになりたいですか?
ほぼ100パーセントの人がYESと答えますよね。
では、お金持ちになったら具体的にどのようにお金を使っていきますか。
この問いに明確に答えられる人は少ないのではないでしょうか。

お金は生きてくうえで大切なものです。
ですが、お金を持っていることに価値があるのではありません。
世の中や自分にとって価値のあるものに投資したり、価値あるものを生み出すためにお金を使うことに意味があるのです。

お金はそのための道具（ツール）にしか過ぎないのです。

そして、道具は使ってなんぼなのです。

余談ですが、

「お金は道具である。道具だから多ければ多いほど良い。」

これはユダヤの格言です。

ユダヤ人らしいですね。

道具のよくある例えで、

「包丁は美味しい料理を作ることもできれば、人を傷つけ殺すこともできる」

というのがあります。

ようするに、包丁もお金も使い方次第、ということです。

そこで、お金を上手に使っていくためには、「どんな使い方をしたときに心に豊かさを感じるか」、「心地よいと感じるか」を考える必要があります。

さらに、「自分はお金がどれだけあると幸せなのか」、「自分は何のためにお金が欲しいのか」をしっかりと把握していくことが重要です。

自分の中の幸せを定義付けておかなければ、どれだけお金を持っても全く満たされず、幸福度は下がってしまうからです。

キーワード　お金の3つの機能

お金は、「貯める」のではなく「動かす」

お金の本質が見えてきたところで、次はお金の使い方に目を向けてみましょう。

あるイタリア人が言いました。

「日本人は節約と貯金が大好きだね。食事も旅行も我慢して死ぬときが一番金持ち。イタリア人は人生を楽しむためにお金を使い切るから、死ぬときはゼロなんだ」

どちらが良いかという議論はさておき、どれだけ貯金通帳に貯めておいても、あの世にお金を持って行くことはできません。

歳を重ねて体が思うように動かなくなったとき、一番財産になるものは思い出です。

お金を、思い出を作るための経験（趣味、スポーツ、旅行等）に換える。

これ、私の一番好きなお金の使い方です。


他にもお金の良い使い方として、「時間を買う」「社会とつながる」「自分の幸福度が増すように使う」「人のためになることに使う」「世の中の課題改善のために使う」などが考えられます。

そして上手にお金を使うと、自然と三方よしになります。


ご存じのように、コロナ禍では多くの飲食店、ホテルなどが売上の減少に苦しんでいました。

そこで私は、馴染みの飲食店やホテルを利用しまくりました。

お店の方には感謝され、喜んでもらい、私の方はいつも以上にコミュニケーションが取れ、手厚いサービスを受けられ、その上、日本経済を回すお手伝いもできます。

まさに三方よしのお金の使い方でした。

「お金を三方よしで動かすことが大切なのはわかったけど、万が一のことも考えると貯めておかなければ心配……」

その気持ち、よくわかります。

では、どのくらいお金を貯めておけば良いか考えてみます。

まず生活防衛資金として、生活費の半年分。

心配な方は1年分を貯めておけば大丈夫です。

その上で子どもの進学資金、老後資金について考えましょう。

ここで大事になってくるのが、ライフプランを作っておくことです。

このライフプランは、家族全員の長期間のイベントスケジュールみたいなものです。

例えば自分が何歳のときに子どもが何歳になるのか、自分が何歳のときにどれぐらいのお金が必要になるかをある程度把握することができます。

そこから逆算して、10年後までにこれだけの金額があれば大丈夫、ここで入学金等の費用が一気にかかるということがわかるため、不安を減らすことができます。

そうです。実は貯金をしておきたいと思うその背景には、「お金がどれぐらいかかるかわからないから貯めておきたい」という不安が隠れているのです。

人間は、自分が知らないこと、予測できないことを恐れる生き物です。

裏を返せば、いついくらのお金が必要になると前もって知ることができれば、お金に対する不安も減らすことができるのです。

お金を積極的に動かしていくためにも、いつどれぐらいお金がかかるか知ることから始めていきましょう。

キーワード　三方よし

キーワード　ライフプラン

投資と浪費の考え方

お金の使い方は一般的に消費、投資、浪費の3つに分けられます。

ここでは、YouTubeのリベラルアーツ大学の両学長の教えを参考に話を進めていきたいと思います。

一般的なものと大きく異なるのが、浪費に対する考え方です。

一般的に浪費は無駄遣い、なくした方が良いものと考えられています。

ですが、両学長は浪費には悪い浪費、良い浪費の2種類があり、悪い浪費は一般的な浪費と同じくいわゆる無駄遣いで、良い浪費は、自分や他の人を楽しませるため、自分の心を豊かにするためのお金の使い方と定義しています。

これを踏まえてお金の使い方を方程式で表すと、

収入－（消費＋投資＋浪費）＝ゼロ

収入－消費＝利益

利益＝投資＋浪費

となります。

ここで言う投資とは、今使うお金ではなく、将来楽しいことをするためにお金を増やすこと、預貯金もここに含まれます。

浪費は前述した良い浪費を意味します。

「いくら使った」より「何に使った」

消費	浪費	投資
使ったお金＝価値	**使ったお金＞価値**	**使ったお金＜得られる価値**
生きていくために必要な支出。他に代替のない、払った分の価値相当に値するもの。最低限、減らせない出費のこと。	必要ない無駄な支出。払ったお金よりも将来にわたって得る利益・メリットが少ない支出。なくすことが理想。	自分への投資として必要な支出。一時的にマイナス収支になったとしても、将来的にはプラスに転じる可能性の高い出費のこと。

出典：マネーの部屋

人生には投資も浪費もどちらも必要ですが、バランスを考えなければなりません。

例えば、年収が低い若いときに老後のお金の心配をしてひたすら節約をして投資にお金を回せば、数十年後には数千万から1億円の資産が形成できるかもしれません。

しかし、その間にできたであろう楽しみを全てなくしてしまうのは、もったいないことだと思います。

20代から50代は体力も気力も充実している活動的な時期です。

ここに何の体験もしないのは、もはや人生の楽しみを半分以上、失ったようなものではないでしょうか。

ポイントは、利益を投資と浪費に使っていくという考え方です。

使えるお金、すなわち利益を増やしていくことが、人生を充実させるカギになります。

そもそも浪費のない人生なんてつまらなくないですか。

ちょっと贅沢な食事や旅行、レジャー、これらの浪費が人生に彩りを与えてくれるのではないでしょうか。

ちなみに私は、遊ぶために仕事をしています。

さて、少し話がそれますが、投資の話をしていると相続の話題も出てきます。

多くの方から「子どもにたくさんお金を残したい」「子どもに苦労させたくない」という親心を聞くと、共感するところもあるのですが、実際にはどうかなと思ってしまいます。

子どもに必要以上のお金を残してしまうと、お金の価値を理解する機会を逸してしまいます。

また、労働の対価であるお金の価値を知らずに財産をもらってしまうと、労働意欲がなくなったり、本当に働かなくなったりすることもあるでしょう。

働くということは決してお金を得るという目的だけではなく、人と関わりあって物事を成し遂げる、働いているがゆえの幸福感も間違いなく存在します。

そういった幸せを子どもから奪ってしまう可能性も否定できません。

それは決して子どもにとって幸福なことではなく、私たち親もそんなことは望んでないはずです。

実際、先進国の富裕層達は、子どもが若いうちはみんなと同じように仕事を経験させ、労働と対価の価値をしっかり理解させた上で信託を組んで大きな財産を渡すようにすると聞きます。

さまざまな考え方がありますが、私もこの考え方に賛成です。

投資と浪費のバランスもまた人それぞれ違うものです。

ご自身の人生観と照らし合わせて考えてみていただければと思います。

400万円の借金をして気づいた投資と浪費の違い

今でこそ自分の心が豊かになる浪費ができるようになりましたが、社会人になりたての頃は投資と浪費の区別もつかず、「全ての経験は自己投資だ」などと、うそぶいていました。

ギャンブルと飲み会がとにかく好きで、給料をもらっても給料以上のお金が飲み会に消えていく毎日。

当然、自分の収入だけではお金が足りませんから、複数の消費者金融（街金）から借金を繰り返していました。

返済日が近づくと返済資金がないため、他の街金から借金して返済に充てるという、まさに自転車操業状態。

日に日に借金が膨れ上がり、ついに400万円を超えてしまいました。

当時の借り入れレートは29パーセント。

とてもじゃないけどそろそろ限界です。

頭の中は、どうやって金を作ろうかでいっぱい。

肌がカサカサになり、食欲も性欲もなくなるほどに追い詰められていきました。


追い詰められるような借金をした経験から、ようやくお金の使い方について考えられるようになり、投資と浪費は別物であり、浪費には良い浪費と悪い浪費があると気づくことができました。

一般的に投資は良いもの、浪費は悪いものと捉えられがちですが、私がしてきた浪費の中には、想定外の喜びや楽しさにつながるものがあったからです。

良い浪費とはどんなものなのか？

私は、自分の心を豊かにできるようなものと定義しました。

逆に心を豊かにできないものは、悪い浪費ということになります。

この気づきがあったので、前述したリベ大の両学長の浪費の考え方がストンと腑に落ちました。


このように、浪費の判断基準を決めることで同じ失敗を繰り返すことも少なくなります。

そして、お金に喜んでもらえるように、お金に気持ちよくいってらっしゃいと思えるような使い方をしようと考えるようになりました。

もちろん、気持ちよくお金を使う対象は人それぞれ違うでしょう。

人に使う人、ものに使う人、体験に使う人。

しかし、良い浪費に共通しているのは、自分が気持ちよく使えることにあります。

他人がこんな風にお金を使っているからではなく、自分がどうお金を使えば満足するかを、あなた自身の心にぜひ聞いてみてください。

さて、膨れ上がった借金の結末ですが、ある師匠との出会いが運命を変えてくれました。

友人の紹介で大阪の師匠のところに住み込みで働くことになったのです。セミナーの講師をされている方だったので、休日返上でカバン持ちをしていて遊ぶ余裕などなく、順調に借金返済が進んでいきました。

実は開業直前まで百数十万の借金が残っていましたが、久々に行った場外馬券場で百万馬券を当てて、帳消しにすることができました。

最後は神様が助けてくれたようなものでしたが、いずれにしても取り返しが効く若いうちにこのような経験をできたことは、本当に幸運だと思っています。

私のような経験はお勧めできませんが、悪い浪費を経験するなら若いうち。

そして、自分にとっての良い浪費を積み重ねて、人生に彩りをプラスしていきましょう。

若い時の浪費は未来への投資になる「恩送りの法則」

前述したように、私は結婚前まではギャンブルや後輩たちとの飲食など、遊興費にお金を使いまくっていました。

勤務医だった頃の話です。

私は1日の仕事が終わると、その足で懇意にしている小料理屋に帰宅していました。

「ただいま」と言いながら店に入っていくと、ママさんが「おかえりなさい」と言って、私専用のスリッパを出してくれます。

ちなみにこのスリッパは、ママさんから誕生日プレゼントに頂いたものです。

客筋が良い店で市役所、警察、銀行の方々に可愛がってもらいました。

そんな雰囲気の良いお店でしたから、後輩たちもよく利用していました。

私がいるときは後輩たちの飲み代も支払っていたのですが、私がいなくても後輩たち（まだ学生でしたから）が安心して飲めるよう、ママさんに帳面をつけてもらい、月に1回まとめて私が支払うシステムにしてもらいました。

これは何も後輩たちに恩を着せようとか、見返りを期待しようとか思って始めたことではありません。

私もまた学生時代や働き始めて間もない頃は、多くの先輩方にご馳走してもらったものでした。

あのときいただいた恩を後輩たちに送った、それだけのことです。

もっと言えば、限りある時間を私と過ごしてくれたこと自体に感謝する気持ちもありました。

こうした振る舞いは、結婚して家族を持つと難しくなってしまいます。

そういう意味では、ギャンブルも飲み歩きも若いうちに経験しておいて良かったと思います。

実はこのとき付き合っていた後輩たちとは未だに交流があります。

飲み会をしてストレスを発散したり情報交換をしたりと、開業医となった今、こうした横のつながりはありがたいものです。

勤務後に夜中まで飲んでも、朝はまたシャキッと働くといったことができるのも、まだ体力のある20から30代中盤ぐらいまで。

そういう意味で若いときの浪費や無茶は、経験値を高める上でどんどんした方がいいと思います。

人間、年齢を重ねていけば、どうしても若いときと同じような働き方はできなくなっていくものです。

労働という人的資本から、お金に働いてもらう金融資本に移していくことが一つの正しい働き方だと思います。

良い自己投資、悪い自己投資

前項で良い浪費と悪い浪費についてお伝えしましたが、では良い自己投資、悪い自己投資とは一体何でしょうか。

大前提として、自己投資は良いことです。

資格を取る、スキルを身につける、体を鍛える、読書、経験を積むなど、現状を変え、豊かな未来を手に入れるための非常に有効な手段です。

では、何が良し悪しを分けるのでしょうか。

それは自己投資のやり方です。

ここでまたリベ大の両学長の教えをシェアします。

「良い自己投資」と「悪い自己投資」を下記の表のように分類しました。


重要なのは、目的を明確にすることです。

これができていないと、「なんとなく不安だから資格を取ってみる」とか「行かないと損だから、とりあえずセミナーに参加してみる」といったことになり、お金と時間を浪費してしまいます。


目的（ゴール）を決めるためには、自分がどうありたいか、何に幸せを感じるのかを知り、自分の軸を作る必要があります。

自分はまだ若いし、まだそこまで決められないよという場合には、まずエネルギーを注げる対象を見

良い自己投資	悪い自己投資
目的が明確	目的が不明確
目的に最適な手段を選ぶ	目的と手段があっていない
行動する	永遠に準備をして実践しない

つけ、そこに投資してみましょう。

その次に行動です。

全ての成功者は、行動、失敗、改善を繰り返し行なっています。

失敗が一番の勉強、成長の原動力になります。

行動しないことには、失敗もありませんから成功もないのです。

学ぶだけで満足してしまうのではなく、インプット以上のアウトプットを行なっていきましょう。

タダの物はない。価値あるものにお金を出す

インターネットの発達により、無料で有益な情報が手に入るようになりましたが、その反面、無益または有害とさえ言える情報が9割以上を占めています。

数十年前までは入ってくる情報量が少なく、自分で取捨選択ができましたが、今やネット上は玉石混合の膨大な量の情報で溢れかえっています。

もう自分だけの能力では情報の精査は不可能となりました。

さらに言えば、本当に有益な情報は、こうした誰もがアクセスできるところにはほとんど出てきません。

例えば、不動産情報。

事業で急にお金がいるようになったから、多少値引きをしても良いから早く現金化したいという優良物件や、相続の関係や離婚等の理由で早く現金化したいといった優良物件の情報は、クローズドされた中でしか出回ることはなく、レインズ（不動産会社が利用できる不動産情報システム）に載ることは決してありません。

無料での私の失敗談を一つ紹介します。

「月利5％、優良投資物件、無料セミナー軽食付」というフレーズに飛びつき、セミナーに参加しました。

香港の投資会社が主体で、コンピューターを使って高速でアービトラージを行い利益を得るというスキーム。

毎月投資額の5パーセントが配当されるというものでした。

今思えば月利5パーセントはかなり怪しく、ポンジ・スキームの典型だったのですが、当時の私にはそんな知識もなく、欲の皮が突っ張っていたのでウキウキ気分で契約しました。

始めて2カ月はきちんと配当があったのでさらに追加投資を行い、3カ月目、順調に配当の入金がありました。

が、それ以降の配当はなく見事にドロンされました。

ちなみにこれ、某格付け番組で個人連勝記録を更新中のあの方も参加していたようです。

こんな失敗をしましたので、今、私は有料で優良な投資コミュニティに参加しています。

そこでは投資の勉強はもちろん、投資案件があったときにその案件を精査して、投資適格か不適格かを理由も含めて教えてもらっています。

このように本当に価値のある情報を確実に得るためには、それなりの対価を支払うことが必要です。

対価を支払うという考え方は情報に限ったことではなく、体験にも当てはまります。

海外旅行に行く、ビジネスクラスに乗ってみる、バンジージャンプにチャレンジするなど体験しなければわからないことが多くあります。

そのために対価を支払うというのは、有益なお金の使い方なのではないでしょうか。

とは言え、高額であれば価値があるという単純な話ではありません。

あなた自身が「これには価値がある」と感じることやモノに対価を支払うということです。

結果、金額の多寡にかかわらず満足が得られます。

ただ闇雲に高ければ良いと判断してしまうのは、無料の情報を選んでいるのと同じです。

情報や知識に対してお金を支払って経験値がたまっていくと、やがて自分自身に情報を見極める目が養われていきます。
実はこれこそがお金を支払って得られる一番の成果なのかもしれません。

キーワード　アービトラージ

キーワード　ポンジ・スキーム

心地のいい背伸びをしよう

「価値があると感じられるものにお金を使うというのはわかったけれど、何から始めればいいいんだ」

こんな声が聞こえてくる気がします。

これってとても難しい質問で、誰にでも当てはまる正解はないんです。

なぜなら、あなたの現在置かれている状況や考え方によって、価値観は変化していくものだからです。

それを踏まえた上でお勧めするとしたら、「いつもよりちょっと上のランクの体験」をしてみることです。

私の行きつけの焼肉屋さんには、タンのメニューが4つあります。

「タン塩」「上タン塩」「厚切り和牛タン塩」「特上黒毛和牛タン塩」。

自分で食べるという体験をしないと、価値の判断基準は値段だけです。

元々質が良い肉が入っている店なので、最初の3つは正直、値段ほどの違いは私にはわかりません。

でも、「特上黒毛和牛タン塩」は全く別物です。

多少、値段が張っても注文します。

逆にこれが売り切れているときは、私の価値観では最初の3つはあまり変わりがないので、「タン塩」を注文します。

ポイントはあなた自身で体験すること。

それによって価値の判断基準があなたの中で作られます。


逆に言えば、体験しなければ価値を感じることができないということです。

旅行でも、新幹線でグリーン車に乗る、飛行機でプレミアクラスに乗る、ラグジュアリーホテルに宿泊するなどを、「贅沢だ」の一言で片づけないで体験してみましょう。ホスピタリティ溢れるサービスを受けることで心地良さ、気分の良さや充足感を味わうことができます。

その上であなたなりの価値観を形成していけば良いのです。

さらに言えば、このような体験は良い自己投資になります。

今のあなたではまだ手が届かない、ちょっと上のレベルの世界を知っておくことが、あなた自身の仕事をがんばるモチベーションや目標になり、プラスの方向に意識が転じるからです。

私はこのことを「心地のいい背伸び」と呼んでいます。

あなたが喜ぶことに使われると、お金たちも喜びます。

心地のいい背伸びをしながら、あなたもそしてお金も喜ぶ使い方をしていきたいですね。

お金の知識が必要

日本では長い間、お金の話をすることがタブー視されてきました。

いまだに「お金は汚らしいもの」とか、「半人前のうちは金の話はするな」などと思い込んでる人が多いように感じられます。

映画やアニメでもお金持ちは悪役が多いですね。

これは為政者や資本家が、労働者をうまく使うための洗脳です。

最近この洗脳が解け始めたというか、解かざるをえない社会情勢になってきたためか、2022年度から高校で金融教育が始まりました。

貯める、増やす、守る、使うといったお金の運用や、経済の流れを授業で学ぶようです。

お金のことをもっと身近に、そしてオープンに話せる土壌が形成されることを期待しています。

時代は変わりつつあります。

学校でお金の学びを得る機会のなかったあなたは、今すぐお金の勉強を始める必要があります。

資産運用についてはもちろん、税金や保険の仕組みも知っておくべきです。ゲームで勝つためにはルールを熟知することが重要です。

知識としての詳細は良書が多く出ていますのでそちらに譲るとして、あなたにやっていただきたいことを2つ提案します。

①簿記3級の勉強
②ファイナンシャルプランナー3級の勉強

資格を取る必要はありません。

取れたらベターですが。リベ大の両学長も勧めていますが、この2つはお金持ちになりたければマストです。

こういった知識は、自分にはどれだけお金が必要か、何にお金を使いたいのかを明確にするための非常に強力なサポートになります。

お金の知識をインプットしたら、次にアウトプット（行動）です。

少額で良いので投資を始めてみましょう。

「少額の投資は意味がない、若いうちはその分も自己投資で使った方が良い」という意見もありますが、投資の練習をすると考えれば、失敗してもダメージの少ない少額投資は極めて意味深いものとなります。

退職金など大きな金額を手にして、60代でいきなり投資家デビューしようというのは、見よう見まねで自動車を運転するようなもので、かなりの確率で事故を起こしてしまいます。

自動車であれば教習所に通って学科を学び、路上教習を受けてから免許を取得しますよね。

投資も同じです。

大きな事故を起こさないために、学習と練習が必要です。

一日でも早くはじめの一歩を踏み出すことをお勧めします。

なお、これまで私が勉強してきたもので、これは役立ったという書籍とYouTubeをご紹介します。

YouTubeは、「両学長　リベラルアーツ大学」。

書籍は、

『漫画　バビロン大富豪の教え「お金」と「幸せ」を生み出す五つの黄金法則』

『金持ち父さん貧乏父さん』

『ロバート・アレンの実践億万長者入門―生涯続く無限の富を得る方法』

「世界のエリート投資家は何を考えているのか：「黄金のポートフォリオ」のつくり方』

『世界のエリート投資家は何を見て動くのか：自分のお金を確実に守り、増やすために』

『本当の自由を手に入れる　お金の大学』

『今すぐ妻を社長にしなさい』

『会社員のまま経済的自由を手に入れる　ハック大学式　超現実的で超具体的なお金の増やし方』

『みんなが欲しかった！FPの教科書3級』

『アメリカの高校生が学んでいるお金の教科書』

『お金持ちになれる黄金の羽根の拾い方　知的人生設計のすすめ』

『投資の大原則　人生を豊かにするためのヒント』

『敗者のゲーム』

『株式投資の未来～永続する会社が本当の利益をもたらす』

『イヌが教えるお金持ちになるための知恵』

『星の商人』

をオススメします。

第4章

今日より明日が楽しくなる「人との付き合い方」

笑顔が人間関係の基本

あなたはいつも笑顔でにこにこしている人と、仏頂面でムスッとしている人、どちらと一緒にいたいですか。

当然、笑顔の人ですよね。

笑顔は「私はあなたに心を開いていますよ」というサインでもあります。

ニューヨークなど人種のるつぼと言われてるような都市では、笑顔がコミュニケーションの基本です。

笑顔を見せることによって「あなたを受け入れますよ」「あなたを認めていま

すよ」というサインを送り、不要な軋轢を避け、関係をスムーズにしていくのです。

これ、まねした方が良いと思いませんか。

簡単で無料でしかもお互いに良い気分になれるんですよ。

相手や周囲の人を気分良くするという意味では、笑顔は最もお手軽な社会貢献と言えるのではないでしょうか。

笑顔の練習していますか？

では、いつも笑顔でいるためにはどうしたらいいのでしょうか？

人をいい気分にさせるような笑顔をつくるには、練習が必要です。

といっても、いきなり笑顔を作るのは簡単ではありません。

鏡を見ながら自分がどんな顔で笑うのかまずは確認してみましょう。

すると、自分は笑っていたつもりでも意外とそうでないことが多いのです。

口角が上がっていなかったり、ほっぺたが落ちていたり、自分のイメージしている笑顔とは違う！　と私も最初はびっくりしたことを覚えています（笑）。

そこで、毎日少しの時間でも良いので、鏡の前でニッコリする時間をとってみましょう。

慣れないうちは、手でほっぺたを上げてみるなどして、笑顔をつくってもよいと思います。

また、本当に楽しかったことを思い出して思い出し笑いから笑顔をつくってもいいですよね。

自分の好きなことやワクワクしたことを思い浮かべるのもよいでしょう。

もし、うまくいかないときは歯を見せることを意識したほうが上手にできます。

さらに、このときに自分をほめたり感謝の言葉を口にするのがポイントです。

「最高だね！」

「今日も幸せいっぱいありがとう！」

「よく頑張っているね、素晴らしい」

などと声に出してみてください。これで運気まで上がっていきますよ。

新型コロナの流行以降、リモートワークで仕事をする方も多くなったと思います。

対面ではなく、打ち合わせ等もすべてオンラインで……という方もいらっしゃるでしょう。

しかし、オンラインこそ相手に笑顔を向けることを意識することがとても大切だと思います。

オンラインの場合は、相手に与える情報が限られていますから、思いっきり笑顔になったくらいでちょうどよいのかもしれません。

ぜひ、あなたも笑顔の練習をして、日々の生活で笑顔を振りまいてほしいと思います。

「誰といたいか」を選ぶ

「笑顔の大切さ」について、お伝えしてきましたが、もとより笑顔でいるためには、やはり良好な人間関係を築いておくことがとても大切ですよね。

といっても、誰に対しても八方美人になる必要はありません。

重要なのは自分が「誰といたいか」を選ぶことです。

さらに言えば「自分らしくいられる相手を選ぶ」ことがポイントです。

自分らしくいられる、とはどういうことなのでしょうか。

例えば、あなたが友人と食事をすることになったとしましょう。

あなたは「蕎麦を食べに行きたいな」と思っていましたが、友人に「焼肉を食べに行きたい」と言われました。

そのとき、「あーそうなんだ。俺は蕎麦を食べに行きたいんだよね」と正直に言えるかどうか。

つまり遠慮することなく、自分の気持ちをきちんと言えるかどうか。

そして相手がそれを機嫌よく聞いてくれるかどうかがひとつの判断ポイントだと思っています。

避けたい人間関係というのは、どちらか片一方が我慢をしてしまうパターンです。

さっきの例で言えば、「昨日焼肉を食べたから、焼肉は食べたくない」と言い出せない場合です。

言い出せずにそのまま焼肉にいけばモヤっとした気持ちが残ってしまうでしょう。

それでは、気持ちのいい関係がつくれなくなってしまいます。

自分の気持ちを正直に言える相手を選ぶこと。

しかし、それを押し通すだけでは「わがまま」になってしまいます。やはり、ある程度相手に合わせるのは人間関係では必要でしょう。

例えば、昨日焼肉を食べていなくて、「まあ行ってもいいかな」と思えば合わせればよいのです。

細かい話かもしれませんが、こうしたお互いに許容しあうことの積み重ねによって人間関係の「心地よさ」はつくられていくのだと思います。

苦手な人とは、うまくやる必要はない

どこの世界にいっても、苦手な人は必ずいます。

まず、苦手な人とは、「一線」を引いて踏み込まないことです。相手に深入りすることもありませんから、人間関係で悩むこともありません。

しかし、そうはいっても仕事上の関係などでどうしてもやり取りをしなければならないこともあるでしょう。

その際の苦手な人との付き合い方について、元芸人の島田紳助氏が「怒らない技術」を述べていたことがありました。

紳助さんはダウンタウンの松本人志さんとの対談で、どうやったら苦手な人と上手くやっていくか、このように述べていたのです。

「この人嫌だな」

と感じていても、

「この人まだ人間1回目だから仕方ないね」

「人間の1年生だからしようがない」

輪廻転生的な考え方ですが、私も何かトラブルがあった際には心の中でそう思うようにしています。

また、それに加えて、

「自分の成長のためにこういうことが起きているのかな」

「自分はまだ未熟者だから、この人と出会って勉強しなさいということかな」

と思うようにしています。

不思議なもので考え方を少し変えるだけで、自分の気持ちも、そして相手の態度も変わってくるものです。


そういう意味で、苦手な相手を「許すこと」が大事だと思っています。

人間関係にも「返報性の法則」があります。

返報性の法則とは、「相手に何かをしてもらったら、自分も返さないといけない気持ち」のことですが、相手を許していると、相手も「この人を許さないといけない」と考えるようになります。

結局のところ、相手にしたことは全部自分に返ってくるのです。


ちなみにこの「許す」という行為には「他人への許し」と「自分への許し」の2つがあります。

1つ目は「他人を許すこと」。他人を自分の力で変えることはできませんし、「何とかして相手を変えてやろう」と考えても上手くいきません。

それよりも相手を受け入れて、逆に自分の見方や考え方を変える方が、結果的に自分も相手も気持ちよい関係が築けると思います。

2つ目は「自分を許すこと」です。

努力家で真面目な人は、自分を許せない人も多いでしょう。

しかし、自分を許せるようになると、次第に他人も許せるようになってきます。

人間関係を楽にするためにも、まずは、自分を許すことからはじめてみてください。

さて、「許すこと」は笑顔の練習と同じで日々の積み重ねで得意になっていきます。

トラブルや、うまくいかないことに遭遇したとき、

「まあ、そういうこともあるよね」

「こういう事をしたけど仕方なかったよね、でも大丈夫！」

とその場で自分をフォローするような言葉を自分にかけましょう。

そんな言葉かけを日常的にしていくことで、自分のことも相手のことも許せるようになっていくはずです。

言い方を少しだけ変えてみる

仕事を辞める理由トップ3の中に、必ず「職場の人間関係」がランクインしているといいます。

人との付き合い方の中でも、職場はとくに気を使う場所です。

すべての人と気が合う、仲のいい職場というのは稀で、仕事をしている以上人間関係のストレスはどんな職場にもあります。

ひどくなればそのことで病気になったりするので、やはり「職場の人間関係をよくするコツ」は知っておく必要があります。

しかし、職場の場合「誰といたいか」というのはなかなか選べません。

また部署替えも簡単にはできないでしょうから、基本的には「自分の置かれた場所でどうにか対処する」ことになります。

そこでまずお伝えしたいのが、「言葉の使い方に気を付ける」ことです。

例えば、上司と会話するときは、年が上だろうが下だろうが丁寧語を使い、なにか進言するときはいきなり否定から入らないようにします。


「この人は、言動と行動が一致しないな」

と感じても1回意見を受け止めて、共感した上で、そこから自分の意見を言うようにするのがベターです。


例えば私が学生時代に厳しい教授に自分の意見を伝えるときは、

「先生の立場だったらそうだと思いますが、僕ら下々の立場からするとちょっとこうなんですよ」

というような言い方をしていました。

　そのほかセミナー講師に話す場合も、

「先生みたいな賢い人を基準にしないでください。世の中には僕を含めアホな人間が多いんです。そんなアホな僕にもわかるように教えてください。お願いします」

　と伝えていました。

　その結果先生の私に対する接し方が変わってきます。注意の仕方が変わっただけではなく、フランクに話しかけてくれるようにもなり、私も先生に対する恐れがなくなりました。

　このような経験から、私は「言い方一つで人間関係は変えることができる」と確信を持ちました。

　話しかけるのが苦手だとしても、少しずつ練習すれば上手にできるようになります。

　ピアノの練習と一緒で、何回も同じことを重ねてやらないと上手くはなりません。

会社における人間関係の構築も、「最初からうまくいく」なんて思わずに、「練習していこう」というくらいの気持ちで良いのです。

その人を肯定・共感するというより、その人が発する言葉を肯定・共感するところから始めてみてくださいね。

苦手な人は、自分を成長させるチャンス

「前の人間関係が嫌で転職したのに、また嫌な人がいる……」

「これで3社目だけど、人間関係がきつくて転職したい……」

本書を読んでいる人の中には、もしかしたらそう思い悩んでいる方がいらっしゃるかもしれません。


もちろん、ハラスメントになるような職場は論外ですが、苦手な人が行く先々に登場してくる場合、もしかしたらその人はあなたにとって重要なキーパーソンなのかもしれません。

そこで、

「この人は自分が成長できる機会を与えてくれる人なんだ」

「だから、この人を攻略するように神さまが采配してくれてるんだな」

と思えるかどうかです。


不思議なもので、苦手な人から逃れたとしても、自分に必要な場合はめぐりあわせで戻ってきてしまうのです。私自身もそう思える人が何人かいました。

しかし、あるとき「そうか、これはこういうタイプの人の対応を学ばないと次のステージには行けないことになってるんだな」と気づき、苦手な人の登場に「ありがとう」と思えるようになったのです。


苦手な人は前述したように、どんな言葉の使い方なら気持ちよく付き合えるか試す必要があるので、「今回はこのアプローチで行ってみよう」と冷静に考えることもでき、自分自身のボキャブラリーは増えました。

新しいプロレス技ではないですが（笑）、人は新しい技を習うと使ってみたくなる生き物です。

苦手な人にも言い回しや間のとり方といった様々なアプローチを試すことで、「こんな風にすると意外と話が通じる」「こうやると相手の当たりが弱くなる」など、（ちょっといい方は悪いですが）ゲームを攻略していくように付き合えばいいのです。

そのうちに、「こうすればこの人は怒らない」というのが徐々に分かってくるはずです。

それだけではありません。

ここで身につけたスキルは、他のシーンでも応用できます。

例えば奥さんや子供、彼氏、彼女、旦那さんから嫌な言い方をされても上手く対応できるようになっていきます。とってもお得だと思いませんか？

人生を楽しく生きていくためには、「コミュニケーションスキル」はとても重要です。

もし、周りに好きな人だけだったらこのスキルは上達しません。

少しオーバーかもしれませんが、やはり嫌な人との出会いは、「自分が成長できるチャンス」を与えてもらっているのです。

それに「苦手な人がいる」と思い、転職してその人から避けても、違う職場には新たな苦手な人が待っています。

それを繰り返していると、どこに行っても一生幸せな気持ちで働くことはできません。


人を「嫌い」と思っているよりも、どこかいいところを見つけて「ここが好き」「この辺がいじりやすい」というところを探した方が楽に生きられるのではないでしょうか。

現状は、苦手な人に少し背を向けているかもしれません。

しかし、「半身だけでも苦手な人に向き合ってやってみようかな」という心構えを持ってみるのはいかがでしょうか。


苦手な相手にこそしっかりと挨拶をして、必要以上に相手のテリトリーに踏み込まない。

受け身になるのではなく、堂々とむしろ嫌なことを言われても少し跳ね返すぐらいの強い気持ちでいる。

こうした毅然とした態度もときにとりながら、毎日楽しく過ごしていくようにしましょう！

「嫌われてもいいや」「ありがとう」を口に出す

これは私の経験ですが、「嫌だな、苦手だな」という人であっても、あえて懐に飛び込むようにしてきました。

どんな人でも、相手から好意を持たれたら、その人に悪い印象を持つことはありません。

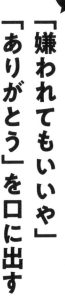

ですから、「嫌だな」と感じている人でもこちらから近づいてみると案外仲良くなれたりするものです。

しかしながら、自分がいくらそうやってアクションをとり続けても、どうしても合わない人はいます。

考えてみるとそれって当たり前ですよね。

人はすべての人と馬が合うわけではありません。

みんなに好かれようとすると無理が生じます。

そこで、私はある程度のアクションをやりつくしたら、「ま、嫌われてもいいや」と口に出すようにしています。

「嫌われてもいいや」と口に出すことで、「そこまでこの人にも好かれなくてもいい」と良い意味で開き直ることができます。

そう思うとふっと気持ちが軽くなり、人間関係で悩むことが一気に減ります。

そしてもうひとつ、心がけているのが「ありがとう」と積極的にいうことです。

これは苦手な人、そうでない人に関わらず常に言うようにしています。

「ありがとう」と言われた側は決して悪い気持ちはしませんよね。

この魔法の言葉を私たちは持っているのですから、使わない手はありません

（笑）。

さて、苦手な人との付き合い方についてお話してきましたが、私のクリニックでは人間関係を円滑にするために次の3つのポイントを重視しています。

1つ目は、何かしてもらったり、お願いごとを頼んでやってもらったりした場合、必ず「ありがとう」と伝えることです。

当たり前のことかもしれませんが、意外と日常会話の中では省略してしまう言葉なのではないでしょうか。

もちろん私も忙しい時はそうなるときもありますが、時間があればしっかり相手の目を見て笑顔で「ありがとう〜！」と伝えています。

2つ目は、減点法で考えないようにすることです。

自分と一緒に仕事をしてくれている。貴重な時間を使ってくれている。

そう考えると、相手に何かしてもらったらそれはすべて「プラス」ですよね。減点なんてありません。あるのは、「加点」だけなのです。

3つ目は、自分がされて「嫌だ」と感じることは、相手にも絶対にしない。これも小学生に贈る言葉のようですが、しかしながらとても大切なことだと思います。

自分が不快に思ったことは、相手もそう感じます。

逆に自分がされて嬉しいことは相手にもしてあげる。それってじつは相手のことを「自分ゴト化」することだと思うのです。

ありがたいことに、うちのスタッフさんたちはこの3つを自然と実行しています。

だからこそ、楽しく良い気分でみなさん仕事ができているんだろうと感じます。

冒頭にもお伝えしましたが、すべての人に好かれる必要はありません。

みんなに好かれようとすると、またそこに無理が生じ自分も辛くなってしまいます。
ある程度開き直りながら「ありがとう」を伝えていく。
そうすればおそらく、あなたの周りから苦手な人は消えていくはずです。

あなたの笑顔が周りの人も幸福にする

一つの笑顔、一つの声かけで周りも幸せになり人間関係も良くなる。

私がそんな心情を持つようになったのは、次の2つの体験をしたからでした。

1つ目は、自転車通勤中の出来事です。

見通しの悪い曲がり角で、反対側から出てきたバイクと接触しそうになりました。

私は心の中で「うわ！　あぶねえな」と叫び、瞬間的に怒りそうになったのですが、それよりも先に相手ににっこり笑って、「ごめんなさい」と言われてしまいました。

「ああ！　やられた」と思いました。

相手の笑顔に私の怒りは吹き消され、また怒っていた自分を恥ずかしく感じました。

相手の方が人として私より一枚も二枚も上手だったのです。

しかも、どう見ても年下の若者です。


2つ目は、飲み会後の出来事です。

店の外で友人を待っていたとき、そこそこ酔っ払っていた私はふらふらとよろけて、後ろから来ていた自転車と接触しそうになりました。

相手もよくわからない状態でしたが、とっさに「ごめんね」と声をかけました。

すると私に非があるにもかかわらず、相手の方が、

「はいはい、これはお互いさま。気をつけましょうね。ということでよろしく」

と言って去っていきました。

私よりはるか年上のご高齢の方の乗った自転車だったのです。

気付いてすぐに「すみませんでした」と謝罪し直しましたが、怒るどころかお互い様と言える懐の深さに感動して、後姿が見えなくなった後もしばらく頭を下げていました。


この２つの体験から、自分も周囲の人に良い影響を与えられる人になりたいと強く思うようになり、そのためにも笑顔や声かけが大切であることを学びました。

人は優しくしてもらうと、それをまた誰かにしてあげたくなるものです。

自分が優しくしてもらいたいという気持ちが満たされると、今度は誰かに優しくできるようになります。

すると受け取った誰かも優しくされたいという気持ちが満たされ、良い循環になっていきます。

あなたも何かちょっといいことをしたときは、自分もハッピーになりませんか。

例えば電車で席譲るのは勇気が要りますが、譲ると自分が一番温かい気持ちになりますよね。

それと同じことなのです。


他人に優しくしたいけれど、そんな元気が自分の中にはない。

そう感じたらぜひ、他の人や場所から、優しさをチャージしてもらってください。

例えば少しリッチなホテルに行って、親切できめ細やかな接客を受けてみてください。

こういったホテルは行って気分が良くなるだけではなく、自分を大事に扱ってもらえるという意味でとても大切な場所だと思っています。


残念ながら現在の日本は、人にいいことをすると自分が損をする。

誰かが損をしても、自分が儲かれば良いと考える人（テイカー）が多いのかもしれません。

人から奪ってきたから、自分も奪われると思っている。

そうやって常に警戒し怯えながら生きています。

しかし、そんなことはありません。

人に与えると減るどころか増えるのです。

優しさを与えれば与えるほど自分に返ってきます。


自分にとっての本当の幸せとは何かを考えたとき、人から優しさを奪って生きるよりも、人に優しさを与えて生きるほうが幸せになれるのではないでしょうか。

と言っても大きなことをする必要はありません。

まずは自分から相手に笑顔をみせる。

そうするだけで周りの人も幸せな気持ちにすることができます。

私も、そしてあなたもいつも笑顔でいたいですね。

キーワード　返報性の法則

夫婦の人間関係もギブが基本

ここで家族の中における人間関係を考えてみましょう。

家族の中でも、「優しさ」のギブとテイクがとても重要です。

優しさを受け取るだけのテイカーにならずにギブを心がけると、家族の中でもまた優しさが連鎖していき、ますます「優しさ」や「ありがとう」が増えることになります。


家族の人間関係の中でも、とくに注意したいのが夫婦の人間関係です。

あなたも「夫婦の関係がギスギスしまって悩んでいる」ということが一度や二

度、あると思います。私もその一人でした。

そこで、改めて考えてみるとギスギスする原因は「優しさを相手に求めすぎた」ことだと気づいたのです。

例えば、疲れて帰ってきた旦那さんに奥さんが「家事を手伝ってくれない」と愚痴をこぼす。

旦那さんは「疲れて帰ってきてるんだからそんなこと言うなよ」といらだつ。

これはまさに、お互いに「優しさを取り合っている」状況に他なりません。

旦那さんも奥さんも優しさが不足しているから、優しくしてほしいと思っている。

しかし、それで相手から奪おうとしても、うまくはいきません。

むしろそこで一言旦那さんが奥さんに「お疲れ様、ありがとうね」と声をかけるだけで奥さんからも「あなたもお疲れ様」となるでしょう。

ささいなことですが、夫婦関係ではこうした小さな積み重ねがとても重要なのです。

さてここで塾長の教えをシェアしたいと思います。

パートナシップについての考え方です。

これ、とても重要です。「試験に出ますよ！」レベルです。

結婚には6段階のステージがあると塾長はおっしゃっています。

第1段階：「愛と情熱」　結婚したて、付き合い始めのラブラブな状態。

第2段階：「愛と少熱」　熱が程よく冷めて良好な関係。

第3段階：「少愛と少熱」　付き合いが長くなり、愛にも落ち着きが出てお互いの欠点も見えるが許容し合える状態。

第4段階：「再考」　トラブルも増え始め、本当にこの人と一生過ごせるのかと悩める状態。

第5段階：「冷めるけれど戻りたい」　愛情は冷めてしまったけれど関係を修復

したい状態。
第6段階：「冷めてもう戻りたくない」。別れたい　もう一緒にいたくないという状態。

おわかりのように、第6段階まで来ると結婚生活は終わりを迎えます。
最初の頃は愛も情熱もあるので問題ありませんが、年月を重ねていくと第3から第5段階を繰り返すようになります。
結婚生活を維持するためには、第6段階に落ちないようにメンテナンスが必要と塾長はおっしゃっています。

では、メンテナンスとは何でしょうか。
『相手がやってほしいことを常に探して、それをやってあげることです。』
『やらなければならないではなく、与える幸福を知ってください。』by塾長
さらに、塾長の教えは続きます。

メンテナンスをしていく上でお互いに知っておいた方が良い男女差についてです。


男性は忘れるが、女性は覚えている。

男性は自由を求め、女性は束縛を求める。

男性は感謝されたい、女性は理解されたい。

男性は大きなことを小さく、女性は小さなことを大きく考える。

男性は自由が欲しい、女性は愛が欲しい。

男性は使い果たしたい、女性はたくさん貯めたい。


など、遺伝子レベルでの差があるそうです。

そしてこれらのことを踏まえて、塾長からアドバイスをいただきました。

男性へ。

「常に彼女だけを見てあげてください。」

「彼女の存在が大きいことを説明してあげてください。」

「彼女に安心感を与えてあげてください。」


女性へ。

「褒めて感謝してあげてください。」

「遊び心を理解してあげてください。」

「自由を与えてあげてください。」


どうですか？　塾長の言葉あなたの心に刺さりましたか？

人間関係についていろいろと述べてきましたが、全てのベースとして理解しておきたいのは、「人は自分が必要とされ、理解されて感謝してもらえるだけで良い、多くは望んではいない」ということです。

第5章

今日より明日が楽しくなる「未来への投資」「ライフプラン」「キャリア形成」

健康は、お金で買えない大切な財産

歯科医師という職業柄、多くの持病のある方々を診てきました。

だからでしょうか、やはり最も大切な投資は健康への投資だと感じています。

しかしそうは言ってもピンとこない人が多いと思います。

それも無理はありません。

普段痛みもなく、不調もなければ、健康でいることのありがたみには気づかないことが多く、病気になって初めて健康が大事であると気づかされるものです。


かくいう私もずっと健康体で過ごしてきましたが、ある年、椎間板ヘルニアを経験しました。

ヘルニアの症状が強く出ると、腰と足がとにかく痛いのです。歩くこともままならず、横断歩道を渡っている途中で信号が変わってしまうことが何度かありました。

こんな経験をして初めて、足の不自由な方の気持ちがわかりました。それと同時に、痛みや不具合がない当たり前と思っていた状態がいかにありがたいことかと気づかされました。

世界一の投資家のウォーレン・バフェット氏もこう話しています。

「あなたが車を一台持っていて、一生その車にしか乗れないとしよう。当然あなたはその車を大切に扱うだろう。必要以上にオイル交換をしたり、慎重な運転を心がけたりするはずだ。ここで考えてほしいのは、あなたが一生に一つの心と、一つの体しか持てないということだ。
常に心身の鍛錬をしなさい。
決して心身の手入れを怠らないようにしなさい。
じっくり時間をかければ、あなたは自らの心を強化することができる。
人間の主要資産が自分自身だとすれば、必要なのは心身の強化と維持だ。」

賢者の言葉に耳を傾けましょう。
人生で一番若いのは、今この瞬間です。
遅すぎるということはありません。
今すぐ健康のための習慣をスタートしましょう。

キーワード　ウォーレン・バフェット

口腔ケアが健康をつくる

ポジショントークに聞こえてしまうかもしれませんが、重要なことなのでお伝えさせていただきます。

雑誌『プレジデント』が行った調査によると、高齢者が後悔していることのひとつに「歯医者に定期的に行けばよかった」というものがありました。

こういったアンケート結果からも歯の大切さを痛感させられます。

人間には睡眠欲、性欲、食欲の3大欲がありますが、高齢になって最後までのこるのは「食欲」です。

エビデンスでこんなデータがあります。

「歯が多く残っていると認知症になりにくい」

「フレイル（身体の衰え）は、口腔機能の低下と密接な関連がある」

健康寿命を伸ばすという意味でも、口腔ケアは非常に大事です。

実際、私たちの日常生活で考えてみても、歯がボロボロではご飯は美味しく食べられず、旅行や外食の楽しみも半減してしまいます。

まさに歯の健康は、心の健康と直結しているのです。


口腔ケアでもっとも大事なのが「天然歯を残す」ということです。

そのために、定期検診は欠かせません。

とくに残すよう心掛けてほしいのは、前から6番目、後ろから2番目くらいにある「6歳臼歯」と呼ばれる歯です。

6歳臼歯は、噛む力が一番強くかかる歯であり、歯並びや噛み合わせに関する基本の歯です。

食べ物を噛み砕くときも、最初にこの歯を使います。

そのため6歳臼歯がダメになると、その役割を他の歯が負担しなくてはいけません。

しかし、当然ながら他の歯には他の役割があります。

そのため、6歳臼歯を悪くしてしまうと、そこから他の歯も連鎖反応的に悪くなるという特徴があるのです。

そもそも6歳臼歯は、その名の通り6歳で生えるもので、まだ歯磨きを自分で上手くできない年齢のうちに出てきます。

お菓子などの食べカスも詰まりやすく、他の歯よりもむし歯リスクが高くなります。

歯の健康を守るためにも、6歳臼歯の状態を歯医者で定期的にチェックしておきましょう。

そして何より一度治療した歯は、残念ながら徐々に悪化する可能性が高くなることを覚えていきましょう。

そのため、治療した歯に関しては「状態を悪くさせない」ことが最重要であり、定期的なメンテナンスが必要不可欠なのです。

キーワード　6歳臼歯

遊び心を忘れない

さて、歯の話が続きましたが、健康には「心を健やかに保つこと」もとても重要ですよね。

「人生100年時代」と言われますが、これはリンダ・グラットン氏が著書『LIFE SHIFT』の中で提唱した言葉です。

リンダ氏によると人生には、「学ぶ」「働く」「引退する」という3つのステージがあり、寿命が100年に延びていく社会では、単純な変化だけでは対応できないと述べています。

寿命は延びていきますが、人によっては70～80代になると体が利かなくなり、心も弱くなってきてしまいます。

「私は年だから無理して出かけなくてもいいよ」

「私はオシャレにも興味がない」

「もう別にどこにも行きたくない」

「人ともあまり付き合わないから」

「年賀状じまいもやったし、終活しなくちゃ」などなど、こういった考えが大きくなると外出しなくなり、体の機能も衰えてしまいます。

つまりメンタルの健康も非常に大事なのです。


では、メンタルが衰えないようにするためにはどうすればいいのでしょうか？

私が提唱したいのは、「遊び心を忘れない」ということです。

例えば、「旅行する」「ゴルフに行く」「新しいことにチャレンジする」「新しいコミュニティに入って友達をつくる」など、なんでもいいのです。自分がワクワクすることを常に持っておくことが、心の元気を保つ秘訣なのです。

そのためには、「やりたいことリスト」を作っておきましょう。

例えば、

「30代までにやっておきたいこと」

「40代のうちにやっておきたいこと」

「体が動かなくなる前にこれをやっておきたいこと」

などをリスト化し、定期的に見直して、そのときが来たら、実行すればよいのです。

ちなみに私にも「やりたいことリスト」がありますが、今一番やりたいと思っていることは、「マチュピチュに行くこと」です。

ただし、残念ながら現在のマチュピチュは政治不安によって旅行できるような状態ではありません。

ロシアやウクライナを見てもわかるように、政治不安や社会的な環境によって目標が達成できない場合もあります。

だからこそ、やりたいことは先送りにするのではなく、「できることなら今のうちにやるべき」だと思います。

まだ体が動くうちにやりたいことを経験しておくと、年を重ねてもいい思い出として残り、自分にパワーを与えてくれるものにもなります。

「お金を貯める」ことより、「思い出を貯める」ことのほうが幸福度をアップさせるのではないでしょうか。

キーワード　バケットリスト

楽しく過ごすことが、心の健康に

心の健康の大切さをお話ししましたが、やはり普段から「自分が楽しいと思うこと」を常にいくつかストックしておくことが大切だと感じています。

あなたにも、現在の趣味や好きなこと、あるいは「推し活」などがあると思いますが、それは未来にわたってずっと楽しめるとは限りません。

途中で飽きてしまったり、体がついていけなくなったりして、楽しめないという場合も考えられます。

そうなると途端に日常が楽しくなくなってしまいますよね。

だからこそ、日ごろから自分が好きなこと、楽しめることをいくつかストックしておく必要があるのです。

自分を笑顔にしてくれるものに触れると、心に良いのはもちろん、運も良くなってきます。

それはなぜでしょうか。

笑顔になると、人に与える印象が良くなり、周りに人が集まってくる。

そこから体験や物を含めた良い出会いがある。

そんな風に自分の人生が充実していくからです。

話が少し横道にそれますが、神様もきっとにこにこ笑顔でいる人が好きだと思いませんか？

私は基本的に神様がいると信じているので、自分が何かトラブルなどで気持ちが落ち込みそうになったとき、

「ムスッとしている人と笑顔でいる人のどちらを応援すると思う？」

と自分に問い、
「運の神様だったら笑顔でいる人を応援するよな」
と自分で答えています。

私が好きな著者さんのひとりに、銀座まるかんの創始者である斎藤一人氏がいます。

彼は本の中で言霊について次のように教えてくれています。

「感謝します」「ありがとう」「許します」などのポジティブな言葉を「天国言葉」、一方、不平不満・愚痴・泣き言・悪口・文句などのネガティブな言葉は「地獄言葉」と定義しました。

日々の生活の中で、「天国言葉」を使うと運気が上がり幸せになりますが、「地獄言葉」を使うと不幸な出来事が集まってくるといっています。

言葉の使い方を変えるだけです。ちょっと気を付けるだけでよいし、無料でできます。やらない手はないですよね。

また、「類は友を呼ぶ」という言葉があるように「天国言葉」を使う人には同じような人が集まってきます。

だからこそ、付き合う人を選ぶことが重要なのです。

そうです、自分を笑顔にさせる環境づくりは自分でできるのです。

さて、あなたが今いる環境はどうですか？

自分を楽しませること、やっていますか？

ぜひできるところから、自分を笑顔にさせる行動を増やしていってほしいと思います。

キーワード　天国言葉

1週間、1か月、半年、1年、10年のライフプランをつくろう

「楽しいことで日々を満たす」「健康に意識を向ける」ということをお伝えしてまいりましたが、もうひとつ伝えたいことがあります。

それが、「1週間、1か月、半年、1年、10年単位のライフプランをつくる」ということです。

時間は常に流れています。目標やポイントを意識しないと日々無為に過ごしてしまいます。

想像してみてください。

毎朝目が覚めると、枕元に86400円が置かれています。
このお金は特別なお金でその日のうちに使わないと消えてしまいます。
好きに使って良いのですが、人にあげることも貯金や繰越もできません。
あなたなら、どう使いますか？
こんな条件なら1円も残したくないですよね。
できれば全部使い切りたいと思いませんか。
これ、実は時間のことなんです。
24時間を秒に直すと86400秒、あなたはどう感じましたか。

さて、時間をうまく使うためにもライフプランを作ることは大変役に立ちます。
まず、一覧表を作りましょう。
図をみてください。
このライフプラン表で、「自分が何歳のときには、長男が何歳になっている」
とか、「長男が大学入学の年に次女の中学入学。そのとき自分は何歳か」、などが可視化できます。

さらに、入学金などその年に必要なお金を記入するとマネープランも立てやすくなります。

これは、作ればわかると思いますが、とても便利です。

人生を俯瞰して見ることができるのでぜひお勧めします。

ライフプラン表で全体像を掴んだら、次は10年単位、1年単位、半年、1カ月とプランを考えていきましょう。

ポイントは、楽しみなイベントを組んでおくことです。

前の章でもお話ししましたが、楽しみが待っていると毎日ワクワクした気分で過ごせますし、仕事も頑張れます。

さらに想像だけでも良いので半年後に沖縄旅行とか、2年後にハワイ旅行としておくと実現できちゃうことがあります。
考えるだけでも楽しいですし、何より無料ですからぜひやってみてください。

ライフプラン表		2023	2024	2026	2027	2028	2029	2029	2030	2031	2032	2033	2034
	歳												
	イベント												
	歳												
	イベント												
	歳												
	イベント												
	歳												
	イベント												
	歳												
	イベント												
	歳												
	イベント												
家族のイベント													
収入（万円）	夫給料												
	妻給料												
	その他												
	収入合計												
支出（万円）	生活費												
	教育費												
	住宅費												
	保険料												
	その他												
	支出合計												
年間収支													

仕事とプライベートのバランスを考える時間をつくる

ここからは「今日より明日が楽しくなる」ために私が取り組んでいることをより具体的にご説明します。

まずひとつが、仕事とプライベートのバランスを考える時間を作ることです。

30代、40代とステージごとに仕事とプライベートのバランスが変わるのは当然です。

ときに、家庭や介護などでプライベートを重視しなければならない場合もあるでしょう。

これを考えるときに気を付けてほしいことが2つあります。

1つ目が「他人と比べない」ということです。

例えば、大学の同級生であっても、自分とは環境も立場も異なります。

そもそも、私たちは唯一無二の自分の人生を生きています。

他人と比べること自体、ナンセンスなのです。


2つ目が「計画の完璧さを目指さない」ということです。

真面目な人は、「仕事6」「プライベート4」など、ガッチリと決めてしまいがちですが、「仕事6くらい」「プライベート4くらい」とゆとりを持たせた少しアバウトなくらいがちょうどいいです。


ちなみにこの仕事とプライベートのバランスが決まったら、「一人で過ごす時間」と「家族で過ごす時間」のバランスをとることも意識しましょう。

家族といると、家族を優先することが多くなり、自分のやりたいことができなくなる傾向があります。

すると、自分の中に少しずつ不満が溜まってきて、些細なことで怒るようになります。

これも人間関係と一緒で、八方美人になってはいけません。

皆にいい顔をしていると自分が苦しくなり、結局どこかで爆発し喧嘩になってしまいます。


そんなことにならないように「この日・この時間は自分だけの時間」と決めておき、家族にも了解してもらうことがとても重要です。

私は読書が好きなのですが、普段はそんなに時間をとることができません。

そこで「読書タイムが減ってるな」と感じたら、あらかじめ家族には断りを入れて、喫茶店に一人で行き、2時間くらい読書してきます。私にとって至福の時間です。

どんなものでも、バランスを心がけたいですね。

行動範囲を広げた分、人生の充実度が高まる

「毎日職場と家の往復で、ルーティンな毎日を過ごしている」

あなたもそうではないですか？

変化のない毎日は、安定的で安心です。


しかし、デメリットもあります。

それは、「日常的に受け取る情報が単一的になる」ことです。

それどころか、自分が普段必要な情報や物事しか目に入らなくなってしまいます。

言ってみれば、視野が狭くなってしまうのです。


しかし、これはあなたのせいではありません。

じつは脳は変化を嫌い現状のままを好む性質があります。

防御反応のようなものなのですが、人生を豊かにするためには、その脳の働きも意識し現状を打破していかないと、

「ずっとこのままでいいや」

となり、人生の後半で、

「やっぱりあれもしておけばよかった」

と後悔することにつながってしまいます。

自分の人生を充実させるためにも、こうしたマインドや行動を切り替えていく必要があります。


では、どうやってマインドを切り替えていけばいいのでしょうか？

そのルーティンから抜け出すための一番手軽な方法として、「移動する・行動範囲を広げる」ことが挙げられます。

最初は近場でかまいません。

とにかく普段のルートから違う動きをしてみることです。

脳が受け取る情報量は、移動距離の二乗に比例するといいます。脳の活性化のためにも、少しの移動にトライしてみましょう。

私も、基本的に仕事のある日はほぼルーティンで動いています。

しかし、休日や休日前には、意識的に普段はいかない場所に出向くようにしています。

例えば、小田原にあるうなぎ屋さんに、子どもと一緒に朝から出かけて行って、昼前後には帰ってくる。ここは本当に美味しい、超オススメです。

あるいは、少し離れたホテルに出かけて行って、ゆっくり過ごしたりしています。

ちなみにホテルのロビーは宿泊者でなくても利用可能です。

普段見ない景色をみたり、体験をすることによって「これはいいな」「またやりたいな」と思えるものを探すことにもつながっています。
ぜひあなたも「体験貯金」をしてみてください。

キーワード　小田原うなぎ 友栄

たまには違うことをしてみる

行動範囲を広げることのほかに、ルーティンを抜け出す方法が「いつもとは違うことをする」ということです。

あるとき、子どもと一緒にスーパーにハンバーグソースを買いに行きました。普段、行かない場所に行くと新鮮ですし、売場がどこにあるか分からなくて店員さんに聞いたり「ソースってこんなにいっぱいあるんだ」と驚いたりと自分にとっては楽しい経験でした。

「えっ、そんな小さなことでいいの？」と思うかもしれませんが、普段とは違うことであればなんでもいいのです。

普段は入ったことのない洋服屋さんに行ってみる。飲食店で普段頼まない料理を頼んでみる……。

どこにでも「初体験」は隠れているものです。

また、もう少し範囲を広げて考えてみると、「旅行」は普段と違う体験の最たるものといえます。

観光地をめぐるだけではなく、コンビニやスーパーに入ってあれこれ商品を見ることもあります。

とくに海外に行くとスーパーには見たことのない野菜や果物が売られていることもあり、それを見るだけで充分刺激になります。

市場などに行って出店を見て回るだけでも本当に楽しいものです。

ほかにも、普段あまり行かない美術館や博物館などに行って、作品や絵画に触れるのもいいと思います。

私も若い頃は背伸びをしたくて美術館にも行きましたが、そのときは芸術に触れてもよさがよくわかりませんでした。

しかし、その時に理解できなくても本物を見ると自分の感性に響くものはあります。

音楽でも、絵画でも芸術を自分の中に通すと大事なものは脳に残るような気がします。

そういう意味で「違うことをする」というのは、脳に新しい栄養を与えているのと同じなのかもしれません。


年を重ねてくると、「出るのがめんどくさいな」「人に会うのがおっくうだな」と感じやすくなります。

とくにコロナ禍でそれが顕著になった方もいるでしょう。

しかし、人生は長いようで短いものです。

「あ、これいいな」と思ったものには、すぐ行動できるような身軽さを持っていたいですね。

キーワード　RAS

無為に過ごすか、有意義に過ごすかで人生は決まる

5章では、「今日より明日が楽しくなる過ごし方」をテーマにお話してきました。

私の子どもたちにも、

「時間は、どんな人にでも平等に流れていくものなんだよ。だから、無為に過ごさずに有意義に過ごしてほしい」

とよく言っています。

人が生き物である以上、私たちには寿命というものがあります。

死ぬ時は誰にもわかりませんが、私たちにはそれぞれ有限の時間が与えられています。

だからこそ、限られた時間を有意義に使う必要があるのです。

私が時間をより意識するようになったのは、私より7歳年下の後輩歯科医が開業後に突然死したことが大きなきっかけでした。

歯科医師という職業柄、当然健康や命については人よりも意識しているほうでしたが

「私も、そして周りの人もいつか命に終わりがくるんだな」

ということを真剣に考えるようになりました。

そして自分の働き方を見直し、1年先、半年先に死ぬかもしれないと思ったとき「今のままの生き方ではいけない」と思ったのです。

後輩の死があった当時、私の息子はまだ年中さんでした。

私もまた仕事が多忙なときで幼稚園の行事にはほとんど参加できなかったのです。

しかし、どこかそれでもいいと思っていました。

「仕事さえきちんとすれば、それでいいんだ」

当時の私は、妻や家族に甘えていたのかもしれません。

ですが、後輩の死、また自身の生き方を見つめなおしたとき改めて、「子どもの成長をもっと直に感じるようにしたい」という気持ちが湧いてきました。

仕事や友人との遊びは後でいくらでも取り返しがつきます。

しかし、子供と一緒に過ごせる時間というのは限られていて二度と戻ってこない。

そのことを息子のことで嫌というほど知らされたのです。

その反省もあって私は、息子が中学受験の準備をする4年生の頃には、一緒に受験勉強をするようになりました。

土日は大体塾があったので、一緒に塾で勉強するために仕事の途中で抜けたこともありました。
6年生になると金曜日の17時から授業が始まるようになりました。そこで金曜日の夜は、「その時間は勉強会があるので……」といって仕事を休ませてもらい、6年生の時期はずっと一緒に塾で勉強していました。

当然、周りにそんなお父さんはいませんでしたが、私は息子との時間を何より大切にしたかったのです。

その甲斐もあって現在は思春期ですが、食事や旅行も一緒に行くほど、仲良く過ごしています。

私にとって仕事をセーブして、子どもに費やした時間はやはり有意義だったなと感じています。

成長する我が子を見る一方で、父親をみていると、年を取るスピードが年々早くなっている、と感じます。

父親は70歳を過ぎてから、行動範囲が著しく狭くなってきました。

それを見ると、やりたい事をやるなら体が動く60代までの内にやらないとダメだろうな、と感じています。

子どもと親、両方の姿を見て「自分の時間をどう使おうか」と定期的に見直し、軌道修正しています。

自分が死ぬとき「ああ、いい人生だったな」と思うためにも、やり残しのない人生を送りたい。

おそらくあなたもそう思っていることと思います。

仕事に燃える時期もあるでしょう。子育てや介護で自分の時間を使う時期もあるでしょう。

しかし、どんなときも忘れないでいただきたいのは、「時間は戻ってこない。今この瞬間の積み重ねがあなたの人生を作りあげている」ということです。できない理由、やらない理由を探すのではなく、行動することが大切です。

やりたかったことができないまま、人生を歩んでいくとどこかで必ず「こんなはずではなかった」という後悔の念が出てくると思います。なるべくなら、そういったものを減らして楽しく、そして豊かな人生をあなたにも歩んでほしいと思います。

本書で書いた1つ1つのテーマが、あなたの行動を変えるきっかけになったら幸いです。

おわりに

最後に歯医者らしいことも少しだけ伝えさせてください。

本書の冒頭にあるカラーの口絵ページの最後に掲載した、女性の2枚の写真を見てください。

何が印象を大きく変えているかわかりますか?

そうです、笑っているときに見える綺麗な前歯です。

歯を見せるだけで大きく印象が変わるのです。


これは、自分の印象を良くするだけではなく、相手の気分にも良い影響を与えます。

先進国の人々が歯並びを直したり、前歯をきれいにするのは、笑顔は社会貢献になると知っているからなんです。

ギブの心で歯を綺麗にしているのです。

残念ながら、まだ日本ではこの部分が理解されていないので、自分のためという所で思考が止まってしまっています。

私たち歯科医師の努力不足ですね。

あなたの笑顔は、社会のためにとても役立っていることを覚えておいてください。

出版のお話をいただき、本づくりを進めていく中で私はまっさきに「自分の子どもに読んでほしい」という思いがありました。

私にとって、妻と子どもはかけがえのない存在。

中でも、子どもの誕生は私に大きな気づきと成長をもたらしてくれました。

そういう意味で「家族に恩返しをしたい」という気持ちになったのかもしれません。

私の若い時と比べ、現代の子どもたちをとりまく社会、また環境問題は深刻さを増しています。

そんな不安定な時代の中で大切なのは、「自分がどう生きたいか」「自分がどうなれば幸せなのか」を突き詰めていくことにあると思います。

自分なりの「幸せの定義」を作ることができれば、他人や周りの環境に左右されることなく、誰もが自分で自分を幸せにすることができるのです。

とはいえ、なかなか幸せの定義を見つけたり、設定したりするのはすぐには難しいかもしれません。

でも、大丈夫です。

さまざまな経験をして、いろんな人と出会う中で「幸せになること」を意識していれば、おのずと自分がやりたいこと、やりたくないことが見えてくるはずですから。

本書を読んでくださったみなさんには、ぜひ傷つくことを恐れずにさまざまな経験をしていただければと思います。

最後になりましたが、いつも私を見守ってくれる家族のみんな、スタッフの皆さん、そして同業者の仲間たち。本当に感謝しています。

そして、出版に関わってくださったみなさんと、読者の方に最大の感謝をして筆をおきたいと思います。

ありがとうございました。

松本幸輔　まつもと こうすけ

医療法人社団 M's Pleasure Works あい歯科医院　院長
神奈川歯科大学を卒業後、横浜市にて歯科医師として勤務。
その後、大阪高田歯科医院でレーザー治療を学ぶ。
東京都足立区にて分院長として歯科医療に従事し、2008年3月にあい歯科医院を開院。

プロデュース：水野俊哉
取材協力：渡部憲裕（ライフプランニングサークル シャラク代表・歯科医師）
装丁・本文デザイン：森田千秋（Q.design）
取材協力：掛端玲

ギフト～ピンチは最高の贈り物～

2023年6月25日　初版第1刷発行

著　者　　松本幸輔
発行元　　サンライズパブリッシング株式会社
〒150-0043
東京都渋谷区道玄坂 1-12-1　渋谷マークシティ W22階

発売元　　株式会社　飯塚書店
〒112-0002 東京都文京区小石川 5-16-4
TEL03-3815-3805　FAX03-3815-3810
http://izbooks.co.jp

印刷・製本　中央精版印刷株式会社

ISBN　978-4-7522-9009-4　C0030